一个世纪的超越

山东省潍坊第一中学
百年教育经典巡礼

毕唐书 编著

山东文艺出版社

图书在版编目（CIP）数据

一个世纪的超越：山东省潍坊第一中学百年教育经典巡礼 / 毕唐书编著 . —济南：山东文艺出版社，2021.6

ISBN 978-7-5329-6362-1

Ⅰ . ①一… Ⅱ . ①毕… Ⅲ . ①潍坊一中—校史 Ⅳ . ① G639.285.23

中国版本图书馆 CIP 数据核字 (2021) 第 054324 号

一个世纪的超越

山东省潍坊第一中学百年教育经典巡礼

毕唐书　编著

主管单位	山东出版传媒股份有限公司
出版发行	山东文艺出版社
社　　址	山东省济南市英雄山路 189 号
邮　　编	250002
网　　址	www.sdwypress.com
读者服务	0531-82098776（总编室）
	0531-82098775（市场营销部）
电子邮箱	sdwy@sdpress.com.cn
印　　刷	山东新华印务有限公司
开　　本	710 毫米 ×1000 毫米　1/16
印　　张	12.25　　插页 / 2
字　　数	265 千
版　　次	2021 年 6 月第 1 版
印　　次	2021 年 6 月第 1 次印刷
书　　号	ISBN 978-7-5329-6362-1
定　　价	50.00 元

版权专有，侵权必究。如有图书质量问题，请与出版社联系调换。

序言

看了《一个世纪的超越——山东省潍坊第一中学百年教育经典巡礼》（以下简称《超越》）这本书的书稿，我又想起了与潍坊一中及一中现任校长侯宗凯的一些往事。

侯宗凯是高密四中的毕业生，大学毕业后又回到母校当了一名语文老师。那时候，我已担任四中校长。有一年，一位班主任生病，已经担任班主任的侯宗凯，又兼任了另一个班的班主任。从此，开创了高密四中一个人担任两个班的班主任的先河。

侯宗凯是一个踏踏实实特别能做事的人，是一个有拼劲、狠劲，无论做什么都是做不好不罢休，喜欢自己跟自己较劲的人。特别可贵的是，不管做什么，他都是一个能够创造奇迹的人。他在自己所带的班里，大胆进行班级管理自动化改革，班级的事情大都由学生自主管理，他自己看上去反而张弛有度、有条不紊。后来，因为工作业绩突出，他相继担任年级主任、教导主任、副校长，一直到高密二中校长。他给人一种感觉，就是他到哪所学校，哪所学校就会很快好起来，有点常胜将军的意味。

2004年，我在潍坊市担任教育局局长期间，根据潍坊市教育发展的需要，新建了潍坊一中。记得当时对新一中的定位是建一所高标准的现代化高中，而且是一所体现绿色生态文明的"森林中的学校"。巧合的是，侯宗凯又在 2016 年底成为这所新校的第三任校长。

对我的教育生涯影响巨大的毕唐书老师是我的忘年交。他始终关心着山东教育的改革与发展，也一直关心着潍坊教育。他把《超越》这本书的书稿发给我，我看过之后，同时又想到了三个问题。

一是关于名校。

什么样的学校才是真正意义上的名校？在许多人看来，既为名校，必然有与众不同的教育理念，高级别的教科研课题，让人眼花缭乱的各种荣誉称号，以及校友中的大官、大款、大咖，等等，诸如此类，不一而足。不是说这些东西全无意义，而是这些高大上的东西说明不了问题。那么称其为名校的最重要的东西是什么呢？记得北京大学百年校庆时，陈平原教授在《老北大的故事》一书中写过这样一段发人深思的话："大凡历史稍长一点的学校，都有属于自己的'永恒的风景'。构成这道'风景'的，除了眼见为实，可以言之凿凿的校园建筑、图书设备、科研成果、名师高徒外，还有必须心领神会的历史传统与文化精神。介入两者之间，兼及自然和人文、历史与现实的，是众多精彩的传说。"名校之所以为名校，有自己的"永恒的风景"，才是最重要的，因为这些才是一所学校的血脉所在，灵魂所在。而当我在"巡礼"潍坊一中的百年校史时，惊奇地发现，其中竟然有那么多的"永恒的风景"！从"一胡同，俩状元"到王寿彭和季羡林之间的那段师生佳话，从首任校长郭恩敷面对强权以学款充军饷的无理要求，慨然直言"宁杀我头，也不能从命"，终于力排众议，保住了学款，到五四运动时期的"学战救国"，从省高考状元孟令昊每天雷打不动坚持两个小时的大提琴训练，到金牌教练邱霞让遭遇挫折的学生"满血复活"的"洗脑术"……无不彰显着这所学校无愧于中学历史名校的教育品格和历史高度。我也因自己曾经为潍坊一中多少做过一点贡献而感到由衷的高兴。

二是关于教育经典。

身为教师,从教终生,谁都希望在教育上能够留下点带有经典意义、传至后世的东西,但同时又感到这似乎是可望而不可即的事情。之所以会这样,原因在于我们对经典理解上的偏颇。其实,教育经典并不一定就是珍藏于图书馆的皇皇巨著、象牙之塔里的学术构想、放之四海而皆准的教育教学模式……而是人人可为的事情,并不神秘和高大上。你看,《超越》呈现在大家面前的就是这样一些只要用心执着,就人人可为的、有经典意义的案例——

> 郭老师授课,充分利用地图,随讲随画,无不鲜明、精准,学生如身临其境。他讲得入情,同学们听得入迷。其语言生动幽默,如在讲到黑龙江的煤矿时说:"这里的煤炭资源非常丰富,主要煤矿一个是'鸡'(鸡西),一个是'鸭'(双鸭山),一个是'鹤'(鹤岗)。"学生们听了,无不心折。

> 据说郑老师好酒,年轻时醉酒以后打拳,竟然一拳打在玻璃窗上,于是右手的神经做了牺牲,四个手指再难弯曲了。而这恰好成为郑先生的特长——他是化学先生,从此右手的拇指和四个僵直的手指恰好作为各种试管的夹架!他可以一手夹两个甚至三个试管,不必使用通常必需的试管夹而直接把浓酸或浓碱的溶液倒得一滴不洒。一只残废的手,得心应手地化作最好用的工具,在一级又一级的化学课上演示,从不失手!先生上课,几乎从无教案,因为中学化学的所有内容无不

烂熟于心，理论课与实验课，均如数家珍，从无错说。

上述的两位老师，都是六七十年前潍坊一中的老教师。或许他们当时并不知道什么这理念那模式，只是随心所欲，任意挥洒。几乎可以肯定，这样的老师和课堂，要是现在去参加什么评选，是拿不了大奖的，恐怕也不够名师的评比标准，但谁又能否认他们的经典意义呢？而像这样载入一代又一代学生口碑的老师与课堂，不是比时下那些打造出来的名师和精品课更有生命力吗？

三是关于教育经典的产生。也就是说，具有教育经典意义的东西是怎样诞生的。

应该是有些年了，出现了一个时髦词叫"打造"。此词一出，一时之间无处不"打造"。打造名校，打造名师，打造名校长，打造精品课堂，打造精品校园，以至于打造教育经典，等等。似乎不管什么，一经"打造"，即可超凡脱俗。其实，这是背离常识的。岂不知，不管什么东西，一经打造，就是刻意为之，一旦刻意，就会流于形式和虚假。在以育人为天职的教育的范畴之内，尤其不能打造。不能打造名师、名校、名校长，不能打造教育经典。文章本天成，妙手偶得之。具有教育经典意义的东西也都是"天成"的，都是生命的自然流动。《超越》中谈到过"曾小雨的哈佛之路"，其中特别提到她在潍坊一中读高中时的英语学习之路。通过阅读，特别是阅读原版英语书籍，曾小雨确信自己找到了学习英语的不二法门，并对英语学习有了独特的理解："因为读完这本书以后，我的英语词汇、语感等各个方面都有了一个质的飞跃。同时在这个时候，我意识到在文学这个领域里，翻译在大多数时候是多么苍白无力。所以在这里我给所有同学的建议就是，能读原版尽量读原版。举一个最明显的例子，莎士比亚的

《罗密欧与朱丽叶》被节选在我们的苏教版高中语文课本里,而这样一部在世界文学史上占有举足轻重地位的悲剧作品却没有得到大多数同学的认可,更谈不上喜爱。我认为一个很重要的原因就是莎翁语言的美无法突破翻译的阻碍,无法淋漓尽致地用汉语再现。那些原本美到让人窒息的语句和天衣无缝的韵脚,被翻译后变得冗长古怪,很难引起我们中国人意识里对爱情和美的共鸣。"她由此得出结论:"很多人说我为了学英语而阅读。其实正好相反,我是为了阅读才学英语。我们要好好学它,是因为它是目前世界上应用最广泛的语言,是因为有不可计数的优秀文学作品由它写成,是因为我们中国人要走向一个日益国际化的世界。所以,忘掉你要学英语,英语自然就学好了。"

"忘掉你要学英语,英语自然就学好了。"这样的在外语学习上具有经典意义的话,是很多专家、教授说不出的,但却从一个高中女孩口中说出来了。原因何在?就在于这句话来自她切身的学习体会,是她以自己的生命体验出来的。看一看潍坊一中的"百年教育经典",哪一个不是由生命演绎出来的呢?所以,身为教师,一定要相信自己,相信自己的教育实践,相信自己的教育体会,相信自己的生命体验,并大胆地用自己的话说出来。说不定你无意之中就创作出了经典,并成了教育家呢。

李希贵

2021 年 1 月于北京

目 录

一个世纪的超越

　　——山东省潍坊第一中学百年教育经典巡礼 …………… 1

　　附录1：潍坊一中校旗说明与使用规定 ……………… 58

　　附录2：潍坊一中文化纲要二十二条 …………………… 60

让梦想在校园"落地"

　　——山东省潍坊第一中学校长侯宗凯访谈 …………… 66

　　附录3：揽月湖畔文明花开

　　——潍坊一中喜获全国文明校园荣誉称号 …………… 81

　　附录4：让每一块金子都闪闪发光

　　——一位高中校长的教育随想 ………………………… 90

校园话剧《郭恩敷》 …………………………………………… 118

　　附录5：荫汀先生事略 …………………………………… 185

一个世纪的超越

——山东省潍坊第一中学百年教育经典巡礼

小 序

进入 21 世纪以来,山东省潍坊市在中国教育界声名日隆,而且至今不衰。

潍坊的名气是因教育而起,因为在中国教育界,潍坊教育是公认的中国基础教育的高地。而谈潍坊教育,人们又总会谈到潍坊新一中,因为潍坊新一中是潍坊教育的一个范本,是潍坊教育的窗口校、示范校。

之所以说潍坊新一中,是因为潍坊一中于 2005 年迁入新校址,而她其实是一所具有一百多年历史的名校。

潍坊一中创建于 1913 年。初始名为潍县县立中学,前身为潍县历史上最大的书院——潍阳书院。曾先后改为省立潍县中学、山东省潍坊中学等,1952 年,始更名为潍坊一中。有这样的历史传承,学校自然有了历史的厚重感和沧桑感。所以,翻开一中的历史,首先为她的厚重和大气磅礴所震撼,并立刻萌生了一种强烈的写作冲动,同时在大脑的屏幕上闪出了一个大标题:一个世纪的超越——山东省潍坊第一中学百年教育经典巡礼。

这里说"超越"而不是"跨越",其中有两层意思。一是指从潍阳书院,到潍县县立中学,再到潍坊一中,一中一直超越平庸,非同凡响;二是指现在的潍坊一中已经超越了历史,进入一个新的发展高峰期。而副题为"百年教育经典巡礼",则是因为一中百年校史上呈现的许多教育人物、案例乃至课程、景观,等等,都有超越历史的经典意义,足以垂范后世。而这些,才是学校真正有价值的东西,名校之所以为名校,其根基也在这里。

由此忽然想到了郑板桥。郑板桥曾经做过七年潍县县令,与潍县有不解的心缘,曾写有《潍县竹枝词四十首》,其中有云:"三更灯火不曾收,玉脍金齑满市楼。云外清歌花外笛,潍州原是小苏州。"竹枝词尽显潍县当年的繁华。但当时的潍县同时也是人文荟萃之地,重教崇文,文风昌盛,对此,郑氏治潍期间,更是大力提倡。其中诗书画"三绝",以身示范,已成为潍坊传世美谈。而就在郑板桥离任后第六年,潍阳书院诞生了。所以,潍坊文风昌盛至今,也应该与郑板桥有关。这似乎是题外话了,打住,回归正题。

一、潍阳书院——"一胡同,俩状元"

潍阳书院建于1759年,由此潍县科甲联翩,人文蔚起。民国时期《潍县志稿》称当时潍县"户尽弦歌,家守缃素"。潍阳书院的最大盛事,且至今为人所津津乐道的就是清光绪年间,曹鸿勋和王寿彭先后考中进士一甲一名,因两人住潍县西南关同一条巷子,遂有"一胡同,俩状元"的称誉,该巷也被称为"状元胡同"。

曹鸿勋,字仲铭,又字竹铭,室名益坚斋,潍县西南关新巷子人。出身贫寒家庭，父亲曹棠早亡，母子过着艰苦的生活。幼年的曹鸿勋常常饿着肚子到私塾读书，启蒙教师丁象庭为此经常接济他。鸿勋少年时代即勤奋好学，刻苦读书。1876年中状元，成为有科举以来潍县第一位状元。中状元后，授职翰林院修撰，掌修国史。1879年出任湖南学政提督。任职期间，开办书院，着力改善当地文化状况。后任云南永昌知府、云南知府、贵州布政使、陕西巡抚。所到之处，为官清廉，执法严明，多行利民之举，深受百姓爱戴。任职陕西期间，设立学务处，选派子弟留学；举办巡警学堂、陆军小学堂，扩建陕西高等学堂，培养人才，开通风气。任上开办延长油厂，打出中国陆地第一口油井，史称"老一井"。1910年病逝。

曹鸿勋擅长书法，北京故宫、颐和园等处皆有其墨迹。

王寿彭，字次篯，潍县西南关人。山东大学创始人之一。出身于城市贫民家庭。曾入潍阳书院读书，后应科举考试，在县、府试中名列榜首。1901年乡试中举人。1903年，年仅二十七岁，连捷进士第一名中状元，授翰林院修撰，入"进士馆"学习法政。1905年，被派往日本考察政治、教育和实业，回国后写了《考察录》一书。1910年，出任湖北省提学使，曾创办"两湖优级师范学堂"，为两湖培养了一批教育人才。他在兼署藩篆期间，创立预算制度，并制定学款独立章程，使办学经费专款专用，为全国之首创。民国初年，任山东都督府和巡按使署秘书。1925年任山东省教育厅厅长。次年改组山东省立农、工、矿、医、法、商六个专门学校为省立山东大学，又增设文科，兼任校长。

王寿彭接受过一些维新思想，但始终不忘状元的本分，所以任山东大学校长期间，主张尊孔读经，所聘经史学教师，多是科甲出身的翰林、举人，因而遭到校内师生的强烈责难，最终于1927年6月"拂袖而去"，寄居京津。病逝于天津。

王工书法，时人以得其片纸只字为荣，当年"山东大学"的校牌即其所书。

王寿彭最为人称道的是他和季羡林之间的一段佳话。

季羡林在中小学读书时期和许多孩子一样贪玩、逃课、不认真学习，甚至一度迷上了看小说，学习成绩平平。用他自己的话讲，就是：既无与人争高低的意识，也根本没有独占鳌头的欲望。而在高中时期，他却得了名副其实的六连冠，在考大学时只报考了北大和清华两所名牌大学，且同时被录取。究其原因，激励改变他的就是时任山东教育厅厅长兼任山东大学附设高中校长王寿彭的一次奖励。

季羡林于1926年从济南正谊中学初中毕业，考入新成立的山东大学附属中学。在开学的祭孔典礼上，校长王寿彭曾许诺谁在第一学期考取甲等第一名，就给谁题一副对联。王寿彭的书法知名度极高，时人以得其片纸寸缣为荣，由此引发季羡林的好胜之心，开始发奋读书。由于季羡林小时候就开始学习英语，且有天赋，所以英语全班第一，其他功课稍稍用功，就在第一学期考取了甲等第一名，各科平均分数超过了95分。高中六个班可以出六个甲等第一，结果超过95分的学生只有季羡林一人。王寿彭并没有食言，随即给季羡林题写了一副对联和一个扇面。对联原文是："羡林老弟雅察：才华舒展临风锦，意气昂藏出岫云。"落款为王寿彭，

并钤有"王寿彭印"和"癸卯状元"两枚印章。另外又写了一个扇面，把清代诗人厉鹗的一首诗恭录在上面，一起赠给季羡林。这位前清状元，还是当时的教育厅厅长兼大学校长，能以平等之心待人，对15岁的小季羡林称老弟，还谦虚地让他对自己的书法"指正""雅察"，其绅士和君子之风可见一斑。在季羡林看来，这是莫大的荣誉。从此，为了保持荣誉，他持之以恒，认真学习，高中三年得六个甲等第一，所以高中时期成了他人生的重要转折点。晚年的季羡林回忆说："在北园高中读书期间，对我一生的影响是关键性的，夸大一点说是一种质变。"

或许是"一胡同，俩状元"的影响所及，潍坊一中也因此有了"状元"情结。

二、首任校长教育家郭恩敷的高度

1913年4月14日，民国初始，为开启民智，培养人才，助推革命，在同盟会——国民党潍县党部的推动下，潍县县立中学宣告成立。县立中学是潍县历史上第一所公立中学，是潍县教育发展史上的里程碑。学校成立之时，潍县各界公推郭恩敷为校长。

郭恩敷（1863—1928），字荫汀，今潍坊潍城区人。同盟会会员、学者、教育家。幼年师从学者宋书升（翰林院庶吉士）学习天文、算学。光绪年间为国子监监生。1895—1896年间，鲁北黄河决口，山东巡抚李秉衡慕名派人来潍聘请他测量河道。郭恩敷历尽艰辛，勘明黄河尾闾，绘制了黄河北段地图，提出在旧黄河东岸挑挖新河道解决悬河问题的方案。该方案被李秉衡采纳并上书朝廷，他因之被奏报为知县，"分省补用"。可惜其方案未予实施。1898年，黄河下游再发大水，致使85

个州县受灾。

戊戌变法失败,八国联军入侵,庚子赔款。郭恩敷目睹晚清政府的腐朽,萌发了"兴教救国"的思想,毅然脱离官场,回乡从教,并加入同盟会。武昌起义后,他曾联合同盟会会员,敦促驻潍陆军第五师标统马良宣告独立,惜未成功。

先生认为,要养成民德,首先在启发民智。1903年,经他与其他维新志士的努力,潍县第一个自由研究学术的团体——智群学社成立,社员发展到30多人,公推他为首任社长。学社附设了智群小学堂,以实施国民教育。

戊戌变法后,先生曾主持潍阳书院并兼诸城观海书院算学讲席,引领新学。他因材施教,常至深夜无倦容,传授学生达三千余人。因为排行第十九,遂被尊称为"十九老师"。1906年,郭恩敷任西关初级师范学堂监督(校长),次年任官立高等小学堂堂长(校长),兼任《潍县乡土志》分纂。曾率领高等小学堂的学生走遍四乡,测绘全县及城乡地图,史载"潍县始有详确地图"。1915年,他募捐九千元,与他人创办了女子师范,并担任负责人,同时创办中区第一女子学校,使潍县女子中等教育得以发展。

先生一生兼任了小学、中学、师范等多类多所学校校长,曾经同时兼任七所学校(县立中学、女子师范、滋善平民第一与第二小学、振群小学、郭氏小学及西南隅小学)校长,并长期担任潍县中区教育会(1907年成立)会长、劝学所所长(教育局局长)。

1913年潍县县立中学成立,先生被公推为首任校长。他实心任事,治校有方,延聘大批知名学者任教,成绩显著。

先生喜好音乐,经常聘请老艺人到校教唱昆曲,他总会在学生后面打着拍子。著名眼科中医郭润琴（1870—1961）在其留世的笔记中，曾记录了在先生家中观赏到他收藏的三张古琴，而且聆听了先生弹奏《清江引》等古琴曲。

1916年，中华革命军东北军进驻潍县，地方绅商筹饷无力，主张将县立中学学款充为军饷，唯独先生义正词严，直言"宁杀我头，也不能从命！"终力排众议，保住了办学经费。五四运动爆发后，县立中学成为潍县反帝反封建活动的中心，先生暗中支持学生运动，因此遭奸商反对，被迫辞去校长职务，但1923年，又被推为第三任县中校长。

先生治学严谨，精通天文、数学，著有《勾股引蒙细草》2卷、《经世算书》16卷、《中西算学》22种，成为当时潍县众多学校的教材。

1928年，先生在任上病故。时值北洋军黄凤岐部围攻潍县，形势紧张，但潍县工、农、学、商各界千余人不为局势所动，依然为先生举行了史无前例的追悼大会，送挽联百余副。其中一副写道："师中高初未尝无诲，邻里乡党莫不曰贤。""师、中、高、初"是说先生一生从事师范、中学、高小、初小等各类教育，桃李遍天下。各界还集体为先生立匾，乡谥曰"敏毖"。其名字载入"乡贤祠"，《潍县志稿》专门为其立传。

为传承先生办学思想和高风亮节，树立起潍坊一中的文化标杆，今日一中由现任校长侯宗凯动议，特成立创作组，创作大型话剧《郭恩敷》，并创作朗诵诗歌《丹心谱——百年教育忆恩敷》，以示慎终追远、前师不忘之情。《丹心谱——百年教育忆恩敷》诗云：

功崇惟志，业广惟勤。

郭老高风，历久弥新。

立德树人，扬时代善美新风；

知行合一，腾中国复兴巨龙。

不负恩师、不负青春、不负盛世，一中学子怀壮志；

不忘初心、不驰空想、不骛虚声，潍坊豪杰俊星驰。

世代有长征，你我须自强。

恩敷先生的火炬已传到我们手中，

我们当高擎火炬，驱散迷雾茫茫，

乘风越北海，舒臂揽朝阳，

书剑青云去，吾辈正担当！

三、"学战"救国与《潍县县立中学同学会序》

县立中学自创建之日起就倾注了辛亥志士的革命思想。在北洋军阀的统治下，政局动荡，初创中的学校命运多舛，但师生们专心向学，并在国家危难时刻皆挺身而出。

1914年，第一次世界大战爆发后，德国人撤出山东，继而日本人进入。1915年5月9日，袁世凯屈从日本，签署辱国的"二十一条"，该日随之被定为"国耻日"。与此同时，潍县洪水灾荒不断，房屋、庄稼淹没无数，继而翌年大旱。这期间，中华革命军于1914年和1916年两次进攻潍县。面对国难、天灾、兵燹，不少学校被迫停办。但是县立中学的师生在艰难险阻中珍惜时光，互相策励，以顽强的意志"从事于学战"。

在勤奋求学的同时，县立中学的师生们还积极投身于反专制反侵略、追求自由民主的斗争中。

1915年，县中学生就曾与"乐聚轩"戏班义演募捐，组织抗日反袁活动。

1919年，巴黎和会无视中国作为战胜国的利益，竟宣布将德国在山东胶州湾的特权判交给日本。5月4日，五四爱国运动爆发，随即在全国展开。消息传来，潍县师生群情激昂，县立中学当即宣布罢课，开展反帝宣传活动。潍县县立中学率先抵制日货，文华中学、文美中学、坊子模范小学、继志小学等公私学校纷纷响应。为推进运动，县立中学成立了学生会，推张永和（字兰修，三级学生）为会长，后由高卓（字俊三）担任。下设调查、宣传两组，调查组组长裴昌年（字灵春），成员有郭砥生、陈绍芳、于庆芳等，大部分为四级学生。宣传组组长先后为朱立福、李全忠。经国文教员刘国佐联系，南洋兄弟烟草公司及英美烟草公司各捐现洋50元作活动经费。

1919年6月1日，以县立中学、文华中学、县立商业学校等9处学校为主力，潍县学界组成潍县学生外交后援会（后改为学生联合会），敦促各界成立了抵制日货会（后改为维持国货会），会长杜昌年，县中校长郭恩敷，教员于濂芳、学生裴昌年为委员。

学生外交后援会经常到城乡集镇向群众进行爱国宣传。当时传唱的一首歌的歌词是：

嗟我同胞，急图自强。日本险恶，非我友邦，言虽亲善，心似豺狼，逐步欲方张。夺我权利，占我边疆，吸我血液，挫我威望。孔孟梓里，齐鲁旧壤，转瞬倭奴丧！敬告同胞兄弟，勿再袖手观望。高丽、琉球，亡国惨状，真堪目睹心伤。前鉴不远，后患方长，补牢之计，莫待亡羊。协力救国，各本天良，哪怕日猖狂。

县立中学成立之时，民国政府鼓励民间集会、结社，同学会缘此应运而生。

县立中学最早的同学会由在校学生张永和（三级）等发起成立，时间推断应在1916—1919年间。今天，我们能够见到同学会成立时的序文，是由当时的国文教员、同盟会会员、曾在公车上书中签字的张少海先生（张潼，字少海）所撰，明示同学会成立的本义即推进民主共和。这份序文由丁嘉声（丁家村人，生于1900年，据推断1913—1919年间就读于潍县县立中学，终生从事教育，1950年去世）抄写留存，其侄丁志明先生（退休教师）提供。

潍县县立中学同学会序

物之经久不坏者，其形必圆而有黏结之力。此未有天地之前，造物者以是不范模而世界产出之原理也。水土云月聚为一星球，星球聚为日系，日系聚为天空，天空为一大团体。由天空析之，为无数团体，由团体析之，为无数小团体。小团体破而为质，质破而为点，质与点仍团体也。国家亦然。人与人相结而为社会，有社会而后有国家，有国家而后有世界。世界为一大团体，而源于社会之小团体，团体不圆则国非其国矣。专制之君主恶人民之比周党结，其势将聚而不为我用也，故常以计破坏之。史册所书，戒群饮禁偶语，断止结社立会。二千年来，圣帝明王所以控制海内，其治为一丘之貉，此我国人民所以见识外族有一盘散沙之谓也。

今世变日新，蹶帝制、倡民权，人人有大希望，大同之思想，扶进共和之职能，共和之效，极于国家世界而始于一邑一乡，学校为文明基础，学校学生为制造文明之本位。一校犹一家也，一家之人泛泛若陌路，若秦人之视越人肥瘠，不可也。本校同学会，自一二班毕业以后业有人提倡发起，荏苒至今，迄未成立。今岁张君永和等在本校重申前议，响应而附和之者仍不乏人，因缀数言简端以志缘起，而为肫切之布告，凡以联吾前后同学为一小团体，而为世界共和之先声也。是为序。

由一校之同学会，推及"世界共和之先声"，胸襟何其博大，志向何其高远！

四、苏轼——石佛寺与县立中学的机缘

石佛寺，俗称南寺，位于今潍城区的南寺前街，今潍坊市中级人民法院宿舍楼即其旧址。

石佛寺始建于北宋咸平二年（公元999年），明朝永乐年间重修，成化年间增修。山门前有二十余级的高高石阶，门楣石匾上有清顺治年间潍县知县罗承胤手书"石佛寺"三个大字。正中有大雄宝殿，殿内供有高大雄伟的石佛，墙上刻有北宋画家崔白的绘画、苏轼题布袋和尚刻石。明朝时移来大铁佛一尊，因此该寺又名"铁佛寺"。

寺内有苏轼题布袋和尚刻石："熙宁间，画工崔白示余布袋真仪，其笔清而尤古妙，乃过吴矣！元祐三年七月一日眉山苏轼记。"

刻石反映的是这位文坛巨星留宿石佛寺的一段佳话。

北宋熙宁九年（公元1076年）除夕之夜，苏轼奉调河中府（今山西省永济市），携家人由密州（今山东省诸城市）行至潍县，时大雪铺天盖地，朔风凛冽，进入潍城南门，直入石佛寺。老方丈热情相待，挑灯夜话，相与守岁。身历此境，苏轼诗情大发，遂作《除夜大雪，留潍州，元日早

晴，遂行，中途雪复作》。其诗云：

> 除夜雪相留，元日晴相送。
> 东风吹宿酒，瘦马兀残梦。
> 葱昽晓光开，旋转余花弄。
> 下马成野酌，佳哉谁与共。
> 须臾晚云合，乱洒无缺空。
> 鹅毛垂马骏，自怪骑白凤。
> 三年东方旱，逃户连敧栋。
> 老农释耒叹，泪入饥肠痛。
> 春雪虽云晚，春麦犹可种。
> 敢怨行役劳，助尔歌饭瓮。

其后，元祐三年（公元 1088 年），辗转多年、已回到京城任职的苏轼因念念不忘潍县石佛寺除夕之遇，便找出珍藏的宫廷画师崔白赠己的布袋和尚画像，写上本人题记，寄赠石佛寺。老方丈不胜感激，遂以画刻石，嵌于寺殿内壁，奉若圣灵。

文化的传承从来都是超越时空的。或许是这位文坛巨擘圣灵关照，石佛寺从此便与潍县文化教育深深结缘，更与潍坊一中息息相关。

1923 年，潍县当局在此设立县立师范讲习所；1930 年，讲习所并入县中师范班，该寺又成为县中附属小学校址。1938 年，日寇入侵潍城前夕，县立中学迁址，日本随军和尚加藤进驻该寺。1945 年抗战胜利后，省立潍县中学又在石佛寺建立分院，称南寺分院。潍县解放后，该寺又成为县立初级中学的一个分院。

1964年,石佛寺因年久失修被拆除,政府曾建亭保护石佛。"文革"中,石佛被毁,身首分离,不知去向。1978年,于石佛寺旧址处开挖防空洞,佛身重现世。

于今,石佛寺虽然不复存在,但由石佛寺相联结的苏轼和潍坊一中的这一机缘,却是永远割舍不断的。在一中人的心头,文化大师苏轼是永远的宗师。

五、百年希宁:画梅爱梅,三魂一心

于希宁(1913—2007),原名桂义,字希宁,山东潍坊人,现代著名国画大家和艺术教育家。1928—1931年曾就读于潍县县立初级中学,早年毕业于上海新华艺术专科学校国画系,受业于黄宾虹、潘天寿等诸先生,毕业后从事艺术教育。历任山东师范学院美术专修科、山东艺术学院副院长、名誉院长,美协山东分会副主席、主席、名誉主席,山东省文联名誉主席、山东画院院长,
第二、三、四届中国美协理事,第五届、六届省人大常委,第七届全国人大代表。于希宁先生是具有诗、书、画、印和美术史论全面艺术修养的学者型大师级的艺术家,曾在日本、新加坡、加拿大、美国等地举办个人画展和讲学。1998年,山东艺术学院专门设立"于希宁中青年教师艺术奖励基金",以激励后进,传承先生画风艺品。

于先生以画梅著称,20世纪80年代以后,他以梅花为主要创作题材,多次赴南方梅林探梅、画梅，与梅结下不解之缘，并将人文情愫倾注于小说、诗歌等文学作品之中，达到了物我两忘的精神境地。他尤擅画整株老梅，干如铁铸，花透冰魂，动人心魄。他创作的梅花，诗、书、画、印相融，是人格与情怀的外化与表露。

于先生生前家里挂着一条字幅："才德勤修养，三魂共一心。"这是他为自己写下的自勉诗句，先生自称"是一生的座右铭"。于希宁提出梅花的精神气质为骨气、生气、清气的"三气"说，在他的创作题材中，画梅占有很大的比重。他不仅画梅，还为梅创作了大量的诗文。"我念梅花梅念我"，梅已成为他艺术生命的重要组成部分。

在早些年，于老就说过："梅花是我们的国花，它不同于一般的花草，梅的精神气质玉洁冰清，铁骨其本使人油然而生敬意，把梅花画得颓废是不可能的。我觉得梅花的气质尊严和我们的民族精神一脉相通，我要画出这种精神！"他将梅魂与人魂、国魂交融，达到了"三魂共一心"的境界。这也是一个艺术家的人品与画品融合的最高境界。

于希宁对梅的"痴"还有不少小故事，比如他曾为杭州超山一株宋梅被伐而伤心欲绝，从此不再踏入超山一步。当年他在中国美术馆举办展览，时任全国人大常务委员会委员长的乔石同志问他"有什么困难"时，他回答："我自己没有什么困难，我只担心天台山两株隋代梅树的命运，请求领导责成地方部门保护好。"其"梅痴"之名可谓名副其实。

在"于希宁九十寿辰暨从艺七十周年艺术展"上，他亲笔书写的前言中这样写道："我自幼习画，不善言辞，却知道笨鸟先飞。治艺之道，靠的是勤奋与执着，不敢有丝毫懈怠。人渐渐地老了，但精神不能老，艺术不能老，事业心不能减。"

晚年的于老，还一直关注着民生和艺术教育。他曾多次捐画给儿童基金会、抗洪救灾、援防"非典",并先后多次向社会和学院捐赠书画作品。到目前为止,他已经向中国美术馆捐赠了一百幅作品,2006年,又把展出的六十件艺术精品无偿捐赠给山东艺术学院。他曾经谦逊地说过:"这是我的作品的捐赠展,也是我的一份作业。"

作为山东艺术学院的教授、名誉院长,于老还捐出了个人多年的积蓄,设立了"于希宁奖学金",用于奖励该校成绩突出、品德优良的优秀本科生、研究生,激励在校学生努力学习,成为德艺双馨的优秀艺术人才。

于老晚年的生活简朴淡泊,返璞归真。他说:"我不喜欢热闹,就是这样的生活习惯。在日常生活中写点画点,浇浇花,翻翻过去的作品,也自有一番乐趣。我已经养成习惯了……不断阅读过去的作品,总结经验和教训,总能产生新的感悟与新的想法,这也是一种学习。"

生活中的于老也非常单纯、风趣,生活和创作中都有不少趣事。一年秋天,石榴刚下来的时候,家人送了一个大石榴给他,一下子引起了他的画思,画完后在旁边题字的时候,习惯性地写下了"朱竹素梅,共奏清芬"的题款,当他醒悟过来以后,自己笑了,于是又挥笔用小字写下"石榴笑了,我也笑了"。情景交融,妙趣横生。

于希宁曾在潍坊一中的前身潍县县立中学度过三年的学习生涯。在县中,根据年级不同,教他图画课的老师为刘秩东、侯卓如、张眺三位老师。刘秩东专攻花卉、翎毛,工笔花鸟画的造诣很深,章法严谨,一丝不苟,用笔精妙洒脱,气韵高雅。他的教学方法是:在一整张行连纸上,用白描的墨笔线画较简单的花卉挂在黑板上,由班长分给每个同学两张裁好的小行连纸,然后每人用事先烧好的许多短香头,在纸上照着他的画画,直到自己感到满意,再用第二张纸敷在第一张纸稿上用笔墨描成"白描",然后写上姓名交卷。初中二年级的老师是侯卓如,他擅长写意花鸟画,注重流利飞动的用笔方法和严谨的章法布局。他教于希宁半工半写意的花鸟画，不仅要求学生临摹范画，还要求大胆创作。初中三年级的老师张眺教铅笔写生，在讲台上摆放简单的静物，然后讲解要领，特别是光线和阴影的画法。这些老师都是当时潍县极负盛名的画家，各有所长，并且都有一套自己的教学方法，这使于希宁在绘画启蒙阶段就打下了坚实的基本功。对此，于先生深有体会，曾说："一个人的成长过程，与基础教育，特别是启蒙教育有直接的关系。"

对于希宁影响深远的还有丁启喆。

丁启喆（1873—1938），字东斋，号雪庐，国画家，今潍坊潍城区人。幼年丧父，自学成才。20岁时，作画已很出色。善画人物、走兽、山水。他的绘画对潍县现代画家，特别是工人物画者影响巨大，被称为潍县中国画发展史上具有承上启下意义的领军人物。他的作品往往充满爱国的激情，辛亥革命时画《醒狮图》，五四运动时画《卧薪尝胆》《屈原行吟》等图，无不表达了其爱国思想。1916 年至 1930 年，受聘在县立中学教授图画，深得学生的爱戴和尊敬，培养了郭味蕖、于希宁等一批知名画家。1922 年开始发起创办"同志画社"，对画界影响深远。他还精于中医，义务诊病，不收费，不收礼，到贫穷人家出诊，从不坐车。1938 年日寇侵占潍县，9 月忧愤而死，时年 65 岁。著作有《自笑轩诗集》《老莲汇稿》《北海人苑》等。

六、双院院士刘振兴："天作棋盘星作子"

2003 年 12 月 30 日凌晨 3 时 6 分 18 秒，西昌卫星发射中心，"长征"二号丙 /SM 型运载火箭成功地将"地球空间双星探测计划"（简称"双星计划"）中的第一颗卫星——"探测一号"赤道星送上了太空。这项耗资 4.3 亿的"双星计划"的发起人、首席科学家就是中国科学院院士、国际宇航科学院（IAA）通讯院士刘振兴。

"双星计划"可以说是中国真正意义上的空间科学探测。刘振兴院士——这位中国空间物理界的领头人，以自己的创造性劳动开拓了中国空间物理的新高度。

刘振兴，生于 1929 年，病逝于 2016 年。山东潍坊市昌乐县人。1941 年就读于山东省立昌乐中学山塘分校的简易师范部，1947 年 9 月考入山东省立潍县中学（即现在的潍坊一中）师范班后师部。

中学期间，生活条件艰苦，但生性乐观的刘振兴却给所居残破的宿舍起了一个非常有创意的名字——"北大宿舍"。

1950 年，刘振兴考取了山东大学物理系。为了能够多挣些学费，刘振兴主动要求休学一年，去青岛郁文中学教书。1952 年全国院系调整，他被合并到了南京大学气象系。从此，刘振兴踏上了对茫茫宇宙的探索之路。

自从 1957 年第一颗人造地球卫星成功发射以来，国际上提出并实现了一系列的空间科学探测计划。中国是一个空间大国，但还不是空间强国，在空间探测方面与空间强国相比还有相当大的差距，这正是限制我国空间科学发展的主要因素之一。因此，亟须发展我国的空间探测和科学研究技术，迅速提高我国空间科学研究的水平。虽然我国与欧洲航天局（简称"欧空局"）的 Cluster 计划开展了合作，但还缺乏自主的空间科学探测与研究计划。为此，刘振兴于 1997 年初提出了"地球空间双星探测计划"，其基本想法是将地球磁场最重要的空间区域用两颗卫星覆盖来开展探测，形成独立的地球空间探测卫星系统。同时，"双星计划"又与欧空局的 Cluster 卫星探测计划内外相互配合，开展地球空间的"六点"协调探测。

欧空局对刘振兴提出的"双星计划"十分重视，派出了以科学项目主任为首的代表团于 1997 年 11 月访问北京，与中国科学院空间中心讨论了关于"双星计划"的合作问题。欧空局代表团认为，"双星计划"对 Cluster 水平的提高至关重要，对国际日地物理计划将会做出重要贡献。在 1997 年 11 月举行的欧空局 Cluster 科学工作队会议上，与会的主要研究者们对"双星计划"十分重视，一致通过了与"双星计划"研究者进行合作的提议。同时，国际空间局协调组（IACG）也已通过一项议题，将"双星计划"纳入国际探测任务。

"双星计划"中的赤道区卫星"探测一号"（TC-1）于 2003 年 12 月 30 日在西昌卫星发射中心由"长征"二号丙/SM 型运载火箭成功发射，极区卫星"探测二号"（TC-2）于 2004 年 7 月 25 日在太原卫星发射中心再次发射成功。

"地球空间双星探测计划"是我国第一个空间科学探测计划，是以我方为主的中国与欧空局开展合作的重大国际合作探测计划。"双星计划"的顺利实施，为我国空间物理研究获取了大量先进的探测数据；提高了多点卫星探测数据的分析能力，并取得了创新性研究成果；提高了空间探测仪器和我国卫星技术的研制水平；培养了一支高水平的空间科技队伍；提高了我国在空间物理界的地位和作用。

刘振兴曾作过一个比喻："这就像下棋，位置非常关键，就空着两个地方，你下了这个棋子，这盘棋就活了。"正是怀着这种"天作棋盘星作子"的气概，刘振兴以"双星"与欧空局的 Cluster 卫星相配合，弈出了精彩的一局。

从近地物理到高空大气物理,再到磁层物理、行星际物理,刘振兴在多个专业方向纵横驰骋。其"双星计划"的提出与实施,在中国空间物理的发展中更是具有里程碑式的意义。作为潍坊一中的著名校友,他的科学人生也在一中学子的心里播下了科学的种子。

七、郭荆玉和郑新亭:人格、学养和才艺的"师范"

郭荆玉(1891—1983),名嘉璞,潍坊市人。1912年毕业于旧制潍县初级师范(潍县县立中学前身学校),曾任丁氏益群小学校长。从1939年起,郭荆玉执教县立中学——潍坊一中,至1964年离休。在一中工作长达三十年之久,经历了多个历史时期,为名副其实的资深教师。

郭老师为地理教师,是久负盛名、公认的名师。其教学固然得力于丰富的地理知识储备和教学经验,但更有赖于其深厚的学养和令人仰慕的才艺。郭老师授课,充分利用地图,随讲随画,无不鲜明,学生如身临其境。他讲得入情,同学们听得入迷。其语言生动幽默,如在讲到黑龙江的煤矿时说:"这里的煤炭资源非常丰富,主要煤矿一个是'鸡'(鸡西),一个是'鸭'(双鸭山),一个是'鹤'(鹤岗)。"学生们听了,无不心折,在黑板报上写诗歌赞美道:

> 别看他年老体弱,讲起课来真不错。
> 词语动人随动作,一边画来一边说。
> 画得准来说得好,句句押韵成词歌。
> 大家都说便于记,复习容易有成绩。

郭老师所教的学生成绩斐然，1959年高考，潍坊一中的地理成绩名列全省第一。郭老师多次被评为省、市优秀教师，多次出席省、市先进工作者和优秀教师代表会议，受到党和国家领导人的嘉奖。郭老师于1983年在潍病故，享92岁高寿。

郑新亭（1896—1981），齐鲁大学毕业。他大学毕业后即从教，先后在全国中学名校天津南开中学、重庆南开中学任教。1950—1961年回乡任潍坊一中化学教员。

郑老师虽为中学教师，但其影响却及于全国。中国科学院院士张存浩在《培养科技人才的摇篮》一文中回忆中学时谈道：

> 化学老师郑新亭更受学生尊崇。郑老师讲解金属铁，进而由钢铁的作用讲到钢铁生产和国家强盛的关系，甚至谈到德国俾斯麦的铁血主义，最后归结到钢淬硬的原因，引人入胜，使得一位同学后来决心一辈子从事钢铁科学事业。南开学生有将近一半从事与化学有关的行业，受郑先生影响是一个重要原因。

当代知名学者傅国涌先生在《过去的中学》中也谈道：

> 这里，我要特别提到一位化学老师郑新亭先生。郑老师（学生叫他郑老憨）教学层次分明，条理清楚。多少年下来，重庆南开的毕业生进大学主修化学、生化、农化或化工的不计其数。郑老师墓木已拱，可是看今日他的学生们取得的化学化工成果，真不负当年郑老师的一番培育苦心。

高 11 级校友王俊礼（聊城大学化学化工学院教授）在《恩师郑新亭》中回忆道：

记得有一次做"二龙戏珠"的演示实验，在一个很大的烧杯里，放少量的水，滴入几滴酚酞试液，用玻璃棒搅匀，然后，把一小片事先备好的滤纸放在水面上，接着用镊子从装满煤油的广口瓶中取出一大块金属钠，用小刀切下一小块，他提醒我们注意观察新切面的银白色光泽。很快，光泽消失，表面逐渐变暗；然后，用滤纸把小块钠上的煤油吸干，把大块钠放回广口瓶，又快速准确地把那一小块钠放在烧杯中漂浮水面的小片滤纸上，纸虽已湿，但水少，反应不剧烈。然后，如处理钠一样，切块、观察、吸干，把一小块金属钾直接放到大烧杯中，又顺手把水面上的滤纸片按了一下，使钠块接触更多的水。霎时间令人振奋的景象出现了：大烧杯水面上，漂浮着豆粒大小的钾和钠的小球，恰似两颗闪闪发光的珍珠，发出嘶嘶的声音。钠球由于受到滤纸的阻碍，运动得不快，范围也不大；钾球却飞快地在水面上滚动跳跃，同时，钾球顶着一簇紫色的火苗，钠球却是一簇黄色的火苗。而在两个小球的下面，都拖着一条鲜亮的紫红色的"尾巴"，慢慢在水中下沉、扩散，不一会，整个烧杯中的水都变成了鲜亮的紫红色，美妙极啦！就在这时，啪的一声，声音不大，像有人用力拍了一下巴掌，坐在前排的曹美荣同学"啊"地叫了一声。原来，飞溅出来小米粒大小的钾屑，正落在她的眼角边。同学们吓坏了，郑老师也很担心，忙走下讲台，仔细查看。万幸，没伤着眼睛。郑老师让其他女同学陪曹美荣去卫生室包扎，她执意下课后再去。可能是伤得不重，更可能是她舍不得错过精彩的实验讲评，也不愿耽误别的同学。

郑老师走回讲台，长长地舒了一口气，说："我从教四十年，'二龙戏珠'的实验做过近百次，从未发生过意外。这次事故，更加现实、深刻地警告我们化学的'三易'：易燃、易爆、易中毒。今后，你们如果从事化学教学、科研或化工生产，一定把安全放到最重要的地位，人命关天，千万大意不得！"

实验做完后，同学们也长长地舒了一口气，虽然都没说话，但共同的潜台词是："啊！太精彩啦！太过瘾啦！"

接着，郑老师让同学们通过对实验的观察，总结出钾和钠的物理性质、化学性质。课堂气氛非常活跃，同学们争先恐后、七嘴八舌，不一会儿就总结得既完整又有条理。物理性质：硬度小，小刀可切，具有银白色光泽；密度小，浮在水面上；熔点低，反应放热将自身熔化。化学性质：很活泼，极易被氧化；与水剧烈反应，置换出氢气同时生成碱，所以酚酞试液变红。焰色反应：钾是紫色，钠是黄色。郑老师很满意，风趣地说："有这样心有灵犀一点通的学生，化学再学不好，那可就是老师的责任了。"同学们都笑了。

郑老师接着进一步问："把钠和钾比较一下，哪一个更活泼些呢？"同学们异口同声地喊道："钾更活泼！"老师说："这是肯定的，周期表中的位置已告诉了我们。我是说在刚做的实验中，怎样证明这一点的？"同学们哑口无言，答不出来了。郑老师笑了，说："看，还是观察得不仔细、不深入吧？钾和水反应更激烈，我直接把它放在水面上，它虽到处乱跑，但大量的生成热还是把产生的氢气点燃了；钠就不一定，所以我在水面上放一小片滤纸，阻滞一下钠的活动，这样产生的热不至于太分散，才能把产生的氢气点燃。"说着，他又切了一小块钠，用滤纸吸干煤油，直接放到水中，发出嘶嘶的声音，在水面上到处乱跑，竟未燃烧。同学们看了以后心服口服。郑老师又实事求是地说："该我露脸，钠放入水中，直接燃烧的可能性是很大的。切块稍大点，不仅可点燃，也很危险。"

八、校歌：世世代代传唱一中人的泱泱大风

校歌是一个学校的文化符号。

潍县县立中学开创之日，便谱写了自己的校歌。校歌由教师于瀼芳先生作词，刘国佐先生谱曲。

于瀼芳，字兰洲，号澹园，著名学者，潍县城里人。宣统年间他被选拔为贡生，后厌倦功名仕进，闭门读书。中年后，面对国势衰微，他以为非扩充教育无以救亡，于是入师范学堂读西学。公元1898年，先生被选聘为德华大学（又称德华特别高等专门学堂，是20世纪初德国和中国在青岛合办的一所大学）中国文学及伦理学教授（当时仅有六名华人教师，担任教授者更少）。辛亥革命后，先生热心推进共和事业，撰文号召国人"卧薪尝胆"，使"吾国成为全球主人翁"。一战爆发后，日寇进犯青岛，先生回到家乡潍县，被聘为县立中学国文教师，所授古文深受学生喜爱，名重一时，故受学校委托为县中撰写校歌。这期间，先生参与领导潍县的五四运动，任维持国货会委员。后又受聘为齐鲁大学文科教授。先生终生笃爱学术教育，擅诗文，喜画兰草。文籍有《兰洲文稿》《澹园诗序》等，并有《潍县中学校第一班同学录序》等文章传世。《潍县志稿》为其立传。

刘国佐，名晋卿，国佐为表字。广文大学毕业，执教于县立中学，为数理化和音乐教师，并长于英语。他曾担任学监，负责训育工作。五四运

动时，县立中学的学生起而抵制日货，先生主动联系南洋兄弟烟草公司及英美烟草公司各捐款五十元，作为学生活动的经费。先生多才多艺，虽非音乐专才，但所谱校歌，传唱至今，被誉为一中学校文化经典。

作为一中文化传承，县立中学校歌从诞生之日起，就传唱不断。日据时期，学校依然保留了每年一度的校庆活动。校庆时间为4月14日，每次都要举办文艺演出，唱校歌。当时所唱的校歌，依然为刘国佐先生所谱原曲，歌词作者也是于濂芳先生。但歌词为另一版本（根据考证，校歌初创时，歌词就有两个版本）。歌词云：

> 浮烟南峙，渤海北流，泱泱大风古潍州。
> 进我文明，巩固全瓯，中华学术冠美欧。
> 中华民国三十四载，中学成立三十二周，
> 中华民国三十四载，中学成立三十二周。
> 中天华光，共和重熙，彩云开处是国旗。
> 宏开教育，邦家之基，多士一堂庆济济。
> 四月十四，四月十四，是我开学纪念期。
> 四月十四，四月十四，是我开学纪念期。

据校友回忆，歌词中"中华民国……载""中学成立……周"每年都会根据时间调整。此校歌，结构规整，音乐活泼，运用了较严谨的作曲手法，且曲调朗朗上口，易于传唱，便于记忆。

校歌的薪火相传是一个学校历史的延伸，是一中人的责任和梦想传承的表现。经专家及学校老师们研讨，现在一中的学校领导班子同意启用原校歌旋律，同时对歌词进行修改，使之更能体现现代潍坊一中的教育理念、

历史积淀，更适合永久传唱。

2018年11月，学校九届二次教代会审议通过了新修订的《潍坊一中校歌》。校歌韵律仍沿用县立中学时期刘国佐先生1913年谱写的曲谱，歌词则由学校现在的退休教师丁金鹏于2017年重新填写，混声四部编配由高51级校友、现中央音乐学院指挥系教师陈冰改编。

新歌词立足于体现学校的自然地理和人文环境，体现学校悠久的办学历史、深厚的文化积淀、鲜明的办学特色，体现"崇善、求真、尚美"的学校核心文化，体现传统与现代的融合，体现潍坊一中创建一流中学的办学目标和雄心壮志；蕴含一中人的道德理想和历史责任，展现一中人开拓创新、积极进取、乐观向上的精神风貌。形式上则参照原歌词语言风格和结构，对应原曲谱的旋律特征。歌词云：

绿树红墙白鸽飞翔，彩云开处见钟楼，
千亩校园桃李芬芳，大家风范自显彰。
博学审问慎思不罔，明辨笃行不息自强，
自强自强，自强不息，刚毅坚卓，不息自强。

潍阳书院，县立中学，潍坊一中，文脉传炀，
国学源远，科学昌明，中西合璧展辉煌。
校友先辈，群星璀璨，继往开来，奋进翱翔，
翱翔翱翔，奋进翱翔，孜孜求索，奋进翱翔。

揽月湖畔，清华亭旁，莘莘学子，弦歌一堂，
崇善尚美，求真务实，吾辈将为国之栋梁。
新的时代，青春激扬，民族复兴，吾辈担当，
担当担当，吾辈担当，民族复兴，中华荣光。
民族复兴，中华荣光。

现在，传唱校歌已成为一届又一届一中学子的必修课程。

九、一中新校：融绿于人格熏陶之中

2003年，潍坊一中新校落成，并以"森林中的学校"的美誉一鸣惊人，且闻名于省内外。

新一中是一所集绿色、生态为一体的，充满诗意的"花园式"学校。绿化设计充分遵循时任潍坊市教育局局长李希贵提出的"走进森林，享受

自然"的设计理念,其基本构想是:学校所在地原本是一片原始森林,我们在森林中开辟了小路、盖上了校舍,由此变成了现在这所坐落在森林中的学校。

绿化布局以尊重生态、展示自然为指导,以水体为核心,以林地为背景,以建筑为纽带,实现了绿化与水景、山景、活动场所相结合,融绿于自然环境之中,融绿于人格熏陶之中。学校建筑面积为23.6万平方米,另有人工坡岭3组,桃李园50亩,苗圃300余亩,乔木93 910株,灌木290 799株,苗木115种,草坪475 800平方米,绿化面积达62%。

校园植被为片区群栽,枫树、水杉、芙蓉、梧桐、雪松、柿树、柳树、樱花树和法桐等蔚然成林。在校园中央,占地60亩的一弯湖水犹如一弯新月,将教学、办公区紧紧环绕。湖水取自地下,从高处垂落,形成瀑布,注入湖中,并从另一端沿河道环绕教学、办公区缓缓流淌,最后回归地下。

湖名为揽月湖，湖畔立有唐代诗人李白诗《宣州谢朓楼饯别校书叔云》刻石。刻石诗云：

> 弃我去者，昨日之日不可留；
> 乱我心者，今日之日多烦忧。
> 长风万里送秋雁，对此可以酣高楼。
> 蓬莱文章建安骨，中间小谢又清发。
> 俱怀逸兴壮思飞，欲上青天揽明月。
> ……

读此诗，湖名之意自明。

揽月湖环绕学校中心教学区，碧波荡漾，为学生撑起实现理想的风帆；励耘广场芳草萋萋，是学生放飞理想的地方；桃李园繁茂丰硕，象征着师生共同发展。柳浪闻涛、桐林凤栖、竹苑心怡、桐林秋晚，湖光月色……诸般景点令人顿生诗情画意。

远离喧嚣的市区，徜徉于绿树红楼、湖光山色之间，偶见雉鸡振翅、野兔奔突，时闻鸟鸣虫噪、蛙声一片，一中学子无不陶醉于新校的自然与博大之中。

在他们的作文中，你会看到这样的描绘：

——百足虫也很多，油黑发亮，两条触须四处探寻，爬起来飞快。草丛中成千上万的蟋蟀自不必说，你用耳朵就能了解他们的家族有多庞大。它们在这里享受自然。动物们对我们这些"移民"，也像我们对他们一样好奇。偶尔教室里的地上会有一只笔帽大小的黑甲壳虫在散步，广场上一只比巴掌还大的蟾蜍穿越广场奋力向草丛跳去……

——每每在此时漫步揽月湖，便会有另一种恬淡油然而生。虫噪林愈静，鸟鸣湖更幽。我就在这种乡间之音的伴奏下，去一丝一缕地体会新校的风情；神游千年，思索人生的意义，细细咀嚼书中的每字每句。偶尔与蚱蜢蟋蟀们戏耍，领略一种久居城中的人无法品尝的野趣；心儿早已飞过那山，越过那水，仿佛置身于无人之境，万籁无声，心亦与造化冥合。

融绿于自然环境之中，融绿于人格熏陶之中。这样的校园让人真正见识了什么是"诗意的栖居"。

十、曾小雨的哈佛之路

2012年4月9日，离高考还有两个月，一张世界顶级名校哈佛大学的录取通知书寄到了潍坊一中，该校高63级25班的曾小雨以120万全额奖学金被这所世界顶级名校录取。而且，此前她已收到了普林斯顿大学、纽约大学阿布扎比、卫斯理大学等10所美国名校的录取通知书；香港大学也决定予以录取，并提供每年20万港币全额奖学金。最终，曾小雨选择了哈佛大学，成为山东历史上从高中考入哈佛大学的首位哈佛女孩。

毋庸置疑，曾小雨的成功来自她自身的努力，但更是潍坊一中教育的成功。回顾潍坊一中的3年高中生活，在曾小雨看来，如果其中有一个主题，那一定是"学习"。但在她的词典里，"学习"是一个很大的概念，是广义的。她认为，如果谁把"学习"局限在课本上的那点知识里，那么这个人就不是学习好，而只是考试好。真正的学习应该体现在大量的阅读和积极的生活里。曾小雨说：
"潍坊一中的育人理念，尤其是课程设置理念，最大限度地满足了我个人成长的空间。我高中期间英语学得特别好，英语沈老师对我的要求也比较'放任'，甚至对我说高三可以免修他的英语课，从而为我全方位发展提供了广阔的空间和科学的时间分配。"

曾小雨英语学得好，就是源于她对阅读的兴趣：

——我喜欢读书，喜欢到上瘾的程度。《格林童话》最早接纳了大字尚不识几个的我，用理想浪漫的文字把我领进了书的世界。但是很遗憾，我迅速地对其一成不变的情节和"王子和公主从此快乐地生活在一起"的结局产生了厌倦。这时候哈利·波特骑着扫帚从天而降，我也跟着陷入魔法世界不能自拔。随后我的阅读兴趣大增。

——进入初中，一个偶然的机遇使我对欧美文学产生了兴趣。当时《哈利·波特与死亡圣器》英文原版刚刚上架，而翻译版要等至少一个月才能出来。作为一个彻头彻尾的哈迷，我怎么能甘心等一个月呢。当时我的英语水平是基本每一句话里都有不认识的单词，每一页里都有乱七八糟让我看不懂的句型。但是，我想要读到伏地魔最终倒台的强烈渴望支撑着我边查字典边连蒙带猜，硬生生地用不到一个月的时间啃掉了这本砖头大小的书。

通过阅读，特别是阅读原版英语书籍，曾小雨确信自己找到了学习英语的不二法门，并对英语学习有了独特的理解。"因为读完这本书以后，我的英语词汇、语感等各个方面都有了一个质的飞跃。同时在这个时候，我意识到在文学这个领域里，翻译在大多数时候是多么苍白无力。所以在这里我给所有同学的建议就是，能读原版尽量读原版。举一个最明显的例子，莎士比亚的《罗密欧与朱丽叶》被节选在我们的苏教版高中语文课本里，而这样一部在世界文学史上占有举足轻重地位的悲剧作品却没有得到大多数同学的认可，更谈不上喜爱。我认为一个很重要的原因就是莎翁语言的美无法突破翻译的阻碍，无法用汉语淋漓尽致地再现。那些原本美到让人窒息的语句和天衣无缝的韵脚，被翻译后变得冗长古怪，很难引起我们中国人意识里对爱情和美的共鸣。"她说，"很多人说我为了学英语而阅读。其实正好相反，我是为了阅读才学英语。我们要好好学它，因为它是目前世界上应用最广泛的语言，因为有不可计数的优秀文学作品由它写成，因为我们中国人要走向一个日益国际化的世界。所以，忘掉你要学英语，英语自然就学好了。"

"忘掉你要学英语，英语自然就学好了。"岂止是英语，其他学科乃至一切东西的学习何尝不如此！曾小雨这里谈的与其说是一种学习方法，不如说是一种学习智慧和境界。

当然，在高中的成长过程中，潍坊一中的办学模式、课程设置以及书籍资源，无疑为小雨兴趣的发展提供了更肥沃的土壤。小雨说："学校图书馆是向所有同学开放的，同学们除了可以自由地借阅图书馆的书外，每周两节语文阅读课我们把它搬到了图书馆。在这里，同学们遨游在书海中，尽情地阅读和享受自己所喜欢的书籍，而我更喜欢在英语名著区体会英语这种语言在写作大师笔下所表现出的魔力。"

潍坊一中的国际部也为小雨的成功创造了条件。她说："国际部为我与外教的交流和接触提供了得天独厚的便利条件，从而极大地提高了我的英语口语……在托福考试以及哈佛大学面试之前，国际部的外教老师都给了我很多帮助和有价值的建议，使得我在面试官面前对各种问题的回答都能够从容自如。"

潍坊一中的课程设置得多样化，有国家课程、校本课程，还有各种各样的社团活动。多样化的课程设置以及各类社团活动都使同学们各方面的能力得到了极大的锻炼和提高。其中模拟联合国是对小雨影响比较大的活动。她说："拿模拟联合国来说，会前的立场文件写作锻炼了我独立的研究能力和演讲辩论能力，我们学校的模联社把模联活动极大地向前推进了一步。通过开展辩论、研讨会等等，我们在不知不觉中探讨着应试教育要怎样改革，要怎样改变总是老师讲学生听的课堂模式，要怎样丰富我们的校园生活……"

除了这些外在因素，在整个中学阶段，小雨还有一个独特之处，就是不管有多忙，有多少事情等着要做，她每天都要保证将近一个小时的时间读新闻。国际政治局势、全球经济欧债危机、2012世界大选，这些看似离中学生很遥远的话题都在她的关注范围之内。

"我们都生活在这个地球上，都有对世界的好奇心，也都有超越自己微不足道的存在，去关心地球村各个角落的人们的责任。"她说，"除了这些'冠冕堂皇'的理由外，阅读新闻有时候还会在意想不到的情况中发挥实际作用。比如在我的普林斯顿大学面试中，不记得怎么着就扯到了美国大选，随后我就大扯特扯几个共和党候选人的优势和弱势（这个面试在一月份，当时共和党形势不像现在这么明朗）。聊着聊着，发现面试官也喜欢读纽约时报，喜欢读克鲁格曼的专栏，于是我们又讨论媒体报道的公正性、独立性等问题。如果不是平时有从各种媒体阅读新闻的习惯,我想这样的面试恐怕很难招架。"

能够被哈佛大学录取,小雨认为固然是多年来积淀下的人品和学养的一次集中爆发,更是潍坊一中的文化底蕴和育人理念对她各方面发展积极助推的结果。所以,她对自己的中学母校永远怀着深深的眷恋。

十一、孟令昊:"我辈都起誓"

他是孟令昊。

2020年毕业于山东省潍坊第一中学,清华大学2020级计算机类新生。

2020年是山东实行新高考的第一年,实行"3+3"的模式,在疫情和新高考改革的变化与不确定之下,孟令昊仍沉稳发挥,考出了令人羡慕的成绩。他在通过清华高水平艺术团测试的同时,还取得了山东高考总分第一名711分、数学满分的好成绩。

谈起高中阶段自己的学习心得,孟令昊说:"最重要的是要听老师的话,按时并且保质保量地完成作业。此外,做事要有计划,注意专项补弱,学习时便要专注投入。"遇到问题时,孟令昊认为要先自己独立思考,而不要总是习惯于依赖别人解答;当思考无果后,再带着自己的问题和思考与老师、同学讨论。

读高中时,老师、同学评价孟令昊是没有"存在感"的学生:低调谦虚,从不张扬。只要没有其他的需要,他可以一直安安静静地坐在教室。这也是孟令昊学习时的专注表现。

孟令昊认为自己是"幸运的"。他说:"我是一个特别幸运的人。有时候甚至不敢相信自己能走到今天。"但正如天上不会掉馅饼,孟令昊所有的幸运,其实都有迹可循。

孟令昊用"逆袭"来形容自己的成长历程。小学和初中时,他还是个内向的孩子,不愿意与别人打交道,成绩在班里只是中游;刚上高中时,成绩也并不算理想。"但是有一天,我突然想改变,不甘心成为一个平庸的人。于是我更加努力地去学习、去与他人交流,渐渐地,一切确实在发生着变化。"孟令昊说,"我永远忘不了每考出一个新名次时那种激动和充实的感受,在这个过程中,我发现了更好的自己,也收获了之前不曾有的风景。"

通过努力,原本成绩较为普通的他,一步一步地向前追赶。从级部200名、100名,到前20、前10,再到前3,最终成了第一。当高三迷茫不想努力时,孟令昊曾反复激励自己:"任何不做出改变的人会永远活在昨天。只有一步步走出自己的舒适区,才能看到不一样的风景。"孟令昊相信"努力终会有回报",因此即使某次成绩不理想,使他灰心丧气,也总是能及时调整自己的心态,继续向前。

相比于亮眼的高考成绩,孟令昊另一重身份格外醒目:他是一名艺术特长生,大提琴十级,并通过了清华高水平艺术团测试。

拉大提琴是孟令昊的最爱。他说:"我喜欢大提琴悠扬又低沉的声音,厚重、内敛、深沉而不造作。我喜欢德沃夏克对新世界探索时的豪情,更喜欢他思念故乡时的淡淡哀伤;我喜欢肖斯塔科维奇的古灵精怪,但我更喜欢埃尔加的悲伤与抑郁。"

早在小学五年级时,孟令昊即与大提琴结缘,他每天会花费至少两小时的时间进行练习,从不间断。进入高中之后,越来越重的学习压力也没有使他放弃大提琴的练习。高中三年,孟令昊充分利用晚自习的时间进行练习,雷打不动。这份坚持令许多人佩服。

孟令昊讲了一个令自己印象深刻的故事。刚上高三时,班主任让同学们说出自己的目标。当时,孟令昊说:"去年有个去清华的学生,拉小提琴获得了60分降分,最后高考还考了700分。在新生入学仪式上,他是获得清华校长亲自表扬的三个新生之一。我也想成为那样的人。"孟令昊说其实自己心中也没底儿,"从来没有想过我能做到那一步",但当初所说的这段话,依旧深深地激励了进入高三的他。

"这话里激励我的不是表扬,不是傲人的成绩,是一个人对自己的肯定——我相信我可以。别人都可以,我为什么不行?"也正是这种不服输的劲头,推动着孟令昊一步步"逆袭",一步步完成了自己立下的目标。

除去外界赋予他的光环,孟令昊有着许多和同龄人一样的爱好。他很喜欢打游戏,经常看职业比赛来培养自己的思路。能够将娱乐与学习进行良好的平衡,这也是孟令昊的过人之处。此外,他还喜欢踢足球、打篮球,"我喜欢整个球队真正融为一体的感觉,也很享受竞技带来的快感,以及大家合作中的快乐"。

《科尔·尼德莱》是孟令昊最喜欢的大提琴作品之一。该作品的主题旋律取材于《希伯来祷歌》。"科尔·尼德莱"是祷词的第一句,意为"我辈都起誓"。这首作品第一部分明朗、庄严,大提琴一顿一叹地吟诵,正如孟令昊的过去,充满着信念所带来的内在力量;第二部分舒展悠长,委婉如歌,具有明净而安宁的气氛,正如孟令昊的现在,充满着对未来的希望。

高中时与孟令昊同班,并一起考入清华大学的于坤汝这样评价自己的这位学友:"平常他总是安安静静地坐在那里,研究书本或是钻研习题,一直那么沉稳、平和、脚踏实地。但是上课时,尤其是上数学、物理课时,他又'一反常态'。大家苦苦思索的难题,丝毫难不倒他,巧妙的解法总令同学们惊叹不已。并且他十分谦逊,坐在后桌的我也常常向他咨询学习问题,每次都能得到他的耐心解答。他积蓄的力量,理应得到美丽的绽放。十分开心能在将来继续与他共同学习进步,也希望能继续听到大提琴悠扬的乐声在清华园中飞扬!"

"崇善、求真、尚美"是潍坊一中的教育价值追求,对此,孟令昊提供了一个最有感召力的解读。不是吗?

十二、李佳源:从"中学生科学院"走出的小院士

中国航天之父、"两弹一星"奖章获得者钱学森生前在各种场合不止一次提出同一个问题:为什么我们的学校总是培养不出杰出人才?这个被称为"钱学森之问"的问题至今还没有找到很好的答案。但从潍坊一中高二年级学生李佳源下面自述的成长历程中,我们似乎应当悟出些什么。

——记者缀语

常常听大人讲,"玩"是孩子的天性,说归说,当玩落在自己孩子身上时,却又是每个家长头痛的事情。我也不例外。我从小就是一个爱玩的孩子,刚买回来的变形金刚机器人很快就会被我拆得七零八落。一开始爸妈很头痛,但他们很快就发现,拆散的零件被我组装成了很多个有趣的造型,而且每个造型都有自己的故事和名字。也许就是这些"有意义"的举动,爸妈不再头痛我的"破坏",并鼓励我的"创造"。凯文·凯利在斯坦福演讲中曾经提到,破坏性创新技术最初都是个"笑话",而这,恰恰是我童年的写照。虽然,那时我离破坏性创新还有很远,但可能正是在孩童时期的这些破坏中,我的动手动脑、创新思维模式已开始萌芽。

动手动脑的习惯一旦形成,它就会一直陪伴着我。小学时画动漫成了我的爱好,因为可以在动漫形象创作的过程中充分发挥自己的想象力和创造力。在漫画的世界里,我可以任意放飞自己的想象力,所以到小学五年级时,为班里要好的同学画动漫插画就已经成为我重要的课外活动之一。

渐渐地,单纯的玩具拆装和基于书面上的创作已远远不能满足初入创新世界的我。感谢我的爸妈,他们在此时发现了机器人课程,由此开始了我的科技创新之路。于是,从基础的搭建、图形化编程开始学起,我陆续参加了一些机器人竞赛活动。从 2014 中国城际家庭机器人挑战赛激情穿越项目一等奖、2014 年山东省中小学机器人大赛机器人接力赛项目三等奖开始,各类赛事和奖项不断;接下来就是 2015 年山东省中小学机器人大赛机器人接力赛项目一等奖,2015 中国城际家庭机器人挑战赛一等奖,2016 青少年机器人世界杯(RCJ)Mini Rescue 项目一等奖,2016 世界机器人大赛—RoboCup 挑战赛 CoSpace 创客项目一等奖。这些连自己也不曾想到的奖项的取得,大大强化了我的创新意识,也提升了我对机器人的热爱。升入初中后,同学们几乎把精力都投入文化课学习中。很幸运，我遇到了特别支持我的这一"特殊"爱好的班主任郭老师。郭老师非常支持我继续参加机器人竞赛，于是，我一方面认真完成学习任务，一方面坚持着我的兴趣爱好，继续我的奖项收割之旅——2017年山东省中小学电脑制作活动初中组3D创意设计（未来智造设计）二等奖（省级），第15届全国中小学信息技术创新与实践活动（NOC）山东赛区极速智能车初中组一等奖（省级），第15届全国中小学信息技术创新与实践活动（NOC）决赛极速智能车赛项初中组二等奖（国家级）……各种奖项纷至沓来。创新来自生活，这期间，我的创意作品《一种盆栽夜灯》申请了实用新型专利。这次成功让我为自己确立了新目标——把创新和现实"链接"、改变生活一定有我，作为我对自己的爱好的承诺！当然，初中三年还有一个奋斗目标：就是考上我的理想高中——潍坊一中。潍坊一中对于学生综合素质有很高的要求，但在众多竞争者中，我的优秀履历打动了一中，中考被一中以机器人推荐生第一名的好成绩破格录取。梦想因为创新而实现，还有什么比这更能鼓舞我坚持我的爱好呢？

　　创新需要长期细致的观察力、大胆的想象力、勤于动手的能力和坚韧不拔的毅力，当然更需要支持和不断的付出。高中的学习不同于小学、初中，文化课成绩显得尤为重要。幸运的是，潍坊一中不但拥有良好的学习氛围、雄厚的师资力量、丰富的教育教学资源，学校还高度重视创新人才的培养。除了在招生政策上破格录取有特殊才能类的学生，学校在资金投入、资源支撑方面更是给予大力支持。学校建设了"创新主题实验室"，为机器人的研发配备了专门的指导教师、教室和场地；成立机器人社团，每周都安排活动。特别是大型比赛前，我们都会在实验室进行高强度的训练。高一高二我均因为参加比赛得奖而获得了泛海奖学金，同时也成为以学生为主体的创新科技教育组织——潍坊一中"中学生科学院"的一员。有了学校和老师们的大力支持，我将大部分的业余时间及假期都用来探索和研究复杂又极具探索性的程序设计。正是在编制程序的过程中，我经受了严格的思维训练，获得了最宝贵的、使我终身受益的东西——科学严谨的思维方法。这使我在数学、物理、化学等各科学习上都获益匪浅。

只要努力，就会有收获。这期间，2018世界机器人大赛总决赛攻城守垒项目冠军（国家级）、山东省新一代信息技术创新应用大赛青少年电子信息智能创新大赛一等奖（省级）、2018 MakeX机器人挑战赛全球总决赛冠军（国家级）、2019年第34届山东省青少年科技创新大赛一等奖（省级）、第19届山东省青少年机器人竞赛VEX机器人工程挑战赛一等奖（省级）、第34届全国青少年科技创新大赛三等奖（国家级）、第19届中国青少年机器人竞赛VEX机器人工程挑战赛三等奖（国家级）、2019世界机器人大赛极速救援项目亚军（国家级）、2020年第35届山

东省青少年科技创新大赛一等奖（省级）等奖项的获得，让我深深地感到，这不仅是我个人的成功，同时也是潍坊一中创办"创新主题实验室"的成功；不仅是我个人的荣誉，更是我们"中学生科学院"的集体荣誉。

参加比赛收获的不只是奖项，更重要的是比赛参与过程中还培养了自己的逻辑思维能力、创造性思维能力、空间想象能力，完善了自身的能力结构。我作为学校机器人"创世纪战队"的带队队长，也很好地锻炼了自己的组织管理能力、突发状况的应急处理能力，以及与国内外参赛队员的沟通交流能力。

科技创新是我的兴趣，也是我的梦想，希望明年我能考上自己理想的大学，继续我的科技创新梦。创新路上有我，相信也会遇到更多的同行者，一起创造未来，为中华民族强国梦的实现贡献自己的微薄之力！

十三、金牌教练邱霞的教育价值追求

邱霞，潍坊一中正高级教师，毕业于山东师范大学，1995 年走上三尺讲台。从教 25 年来，先后获得山东省优质课一等奖、中国教育装备首届实验教学案例展演特等奖等奖项，被评为全国模范教师、山东省特级教师，并被聘为山东师范大学生命科学学院教育硕士导师。

在她获得的众多荣誉称号中，还有一项非正式的，但却是最亮眼、社会美誉度最高的称号——"金牌教练"。

邱霞之所以能赢得"金牌教练"的美誉，首先源于她在基础学科创新人才培养方面取得的丰硕成果。2015 年，她培养了潍坊一中历史上第一枚奥赛金牌的获得者，并且在接下来的几年中，连续创造了潍坊一中学科奥赛的辉煌。2018 年，她所带领的奥赛团队，取得了生物学 3 枚金牌、化学 1 枚金牌、信息学 1 枚银牌的优异成绩，5 名获奖学生均保送或签约清华、北大，创造了潍坊市学科奥赛奖牌的记录。迄今为止，她培养的学生中，全国中学生生物学联赛一等奖 50 名；全国生物学决赛队员 12 名，其中金牌 10 名，银牌 1 名，铜牌 1 名，7 名进入国家集训队，9 名同学全国决赛现场保送或签约清华、北大，其余同学也分别进入上海交大、中国科技大学等名校深造。

在一般人的眼里，有了这些耀眼的奖项，就足以称得上是金牌教练了。但与常人理解的金牌教练不同，邱霞这个金牌教练似乎并不太看重这些奥赛金牌，她更看重金牌后面的东西。

"虽然奥赛对学生的学科素养要求极高。但能否拿到金牌，学科素养还只是其中的一个因素。"邱霞说。奥赛是知识、智力、体力、意志、习惯、心理、人格等素质的全面比拼，既是科学文化素养的较量，也是人文素养的较量。在她看来，奥赛的本质是以获取知识为渠道，以不断改进方法、方式为主旋律，以锻造品质、触及灵魂为重心，最终达到自我规划和自我实现。学生参与生物学竞赛，收获的不仅仅是知识，更多的是自身素质的全面提升。邱霞说："坚持到最后的奥赛学生，应该是面对压力敢于挑战，具备非凡的创造力和百折不挠的奥林匹克精神的人。他们会因为这个过程而变得有担当，变得更加有责任感和团队意识。这些优秀的品质将会陪伴学生们走向未来，其收益是深远的，甚至是伴随一生的。"

作为生物教师，在生物学奥赛知识方面，她要助推优秀学生在不到两年的时间里完成初中课程——高中课程——大学课程的提升，短时间内达到世界生物知识的前沿，其难度可想而知。但面对这个难点，邱霞并没有把重点放在知识的增量上，而是更加注重选手综合素质的培养，尤其是抗压抗挫的能力、过硬的心理素质，以及坚韧永不服输的品质的培养。"一且决定参加奥赛，选手就会承担极大的学习压力，既要学习奥赛知识，又要兼顾高考，相比于只参加高考的学生，他们相当于承受着两倍，甚至更多的压力，没有一颗强大的心脏很难坚持下来，这就需要学生在两年内由懵懂少年成长为青春志士。"邱霞说，"这样的现实情况，就对教练提出了更高的要求。除了做好知识内容的教学，还要花费更多的心血在孩子的心理辅导上面，设身处地，苦口婆心，只为帮助他们锻造一种健康、积极、坚韧的心态。奥赛是当今中学阶段最高层面的素质教育，对个性化、差异化的因材施教要求更高。"

2018年获全国生物学奥赛金牌、保送清华大学钱学森力学班的张豪舜说，奥赛学习时间主要是周六、周天和晚自习，导致几乎没有假期。自己曾经不止一次地想过放弃，而这时，邱老师就会找自己谈话，设身处地地给我打气，给我定目标。"邱老师的'洗脑术'天下第一！在她的开导下，我每次都能在挫败中满血复活。"他笑着说道。

邱霞说："想过要放弃的学生远不止张豪舜一个，几乎所有学生在学习竞赛的过程中都会有放弃的想法，包括获得金牌的孩子们。因此成功的路上并不拥挤，因为坚持的人并不多。"

2019年，一名学习生物学奥赛的女生发给邱霞老师一个信息，信息的后半部分是这样的："亲爱的邱老师，我埋怨自己表达不出对您的爱意，感谢您将我从万千尘埃中捧起，让我从碌碌无为的深渊中爬出，帮我找到真正所爱。放心吧，邱老师，我不会被打倒的！日后的某天，如果您也会感觉到无助和渺小，请记住，您是一个孩子漫漫长夜里的第一道光。"

邱霞说："每当回想起这段只有我们师生俩能懂的话语，我的眼睛就会湿润，并且看到了之所以坚持的光——让我们在学生的成长中获得职业的成就感，在超越自我中获得职业的幸福感！教育有两件事：一是影响人的生命态度,二是培养人的人格品质。教育是社会良心的底线,是人类灵魂的净土,是立国之本、强国之基。习主席说,'教育决定着人类的今天,也决定着人类未来',所以总有很多东西需要我们去坚守,在坚守的时光里或许会很痛苦,但理想因痛苦而光辉!"

多年的坚持和不懈追求,让邱霞获得无数荣誉,但最令她欣慰的是学生和家长发来的感谢信息——"老师,我又考入山东大学泰山学堂了!这得益于生物学竞赛,感谢您!""老师,我被选拔进入吉林大学唐敖庆班了,感谢老师的辛苦培养和付出!""孩子跟您学习的这段时间,收获很大,不只是知识的增进,更重要的是学习能力的提高、思想的进步、品格的提升,这些都来源于您的广度和高度,孩子成长的过程遇到一位好老师是幸运的。"

对于邱霞来说,这样的感谢话语,都证明自己的这份坚守是有价值的。她说:"这些话,让我真正体会到了作为一名教师的幸福,也验证了我一直送给爱徒们的一句话——你的付出,时光不会辜负!某一年,某一天,它终会给你回报!"

十四、魏鲁东把奥运精神赋予了一中女篮

谈到潍坊一中,省内外许多人都会提到一中的篮球,特别是女篮。多年来,"一中的篮球"一直是一中的一张靓丽的名片。而一谈到一中的篮球,大家又会立马提到魏鲁东。

魏鲁东,男,1965年生,中共党员,中学高级教师,现任潍坊一中首席体育教师兼男女篮球队总教练。他还是全国优秀教练员、2008年北京奥运会火炬手、2017年富民兴鲁劳动奖章获得者。

"北京奥运会火炬手"——仅仅这一荣誉,就会让人对魏老师顿生敬意,并刮目相看。

魏老师在一中体育教育教学一线工作已经33年多。自担任教练之日起,为一中锻造了一支拼得上、放开打、打得赢、胜不骄败不馁的篮球队伍,以此践行、弘扬奥运和国家女排精神,就成为他日夜不能忘怀的追求,并为此付出了大半生的精力和心血。

2002年7月,在青岛二中举行的山东省体育传统项目学校女篮比赛是潍坊一中历史上的"滑铁卢"。不管是小组赛,还是交叉赛,每一场比赛都不尽人意。和其他队伍一比,潍坊一中高中女篮像是初中生。学生的速度上不去、技术跟不上、防守防不住、进攻突破不了……太多太多的遗憾萦绕在魏老师的头脑里。他开始冷静地思考,比赛比的是队员的综合素质,既有技术水平,又有心理素质,所以输球首先不能输精气神。于是,他利用赛后反思会、日常交流等时机,不断给姑娘们打气,强调输球是正常的,必须具有不怕输的精神!即使屡战屡败,也要屡败屡战!因为每一场比赛都锻炼了你,提升了你!速度慢我拼命追,防守就要紧紧防住对手,

一个人不行就上两个人，两个人不行就上三个，发挥团队作用，抓住机会就努力进攻；同时根据本队实际和对手特点制定自己的打法，收获了许多经验和教训。这次比赛虽仅获第9名，但队员们磨砺了坚强的意志，树立了不怕输的精神，并有了前行的勇气和信心。

从此，魏老师和他的队员们不断地苦练技术，内强素质，负重前行。在他的精心指导和悉心培养下，潍坊一中女篮的姑娘们渐渐地从比赛的低谷又重新爬到了山东省前3名的水平。除了参加山东省的比赛取得优异成绩外，高国彩2000年赴以色列代表中国参加世界中学生篮球比赛获得第四名，2001年又以优异的成绩被北京科技大学录取，现在留校任职。2017年毕业的周泽文同学通过了北京大学的专业测试，最终被南京航空大学录取。

潍坊一中的女篮队伍成长壮大起来了，要让姑娘们在成绩面前不骄傲，不浮躁，就离不开严格的管理和崇高的理想追求。

魏老师有个习惯，每年的新生训练第一天就召开全体体育特长生大会。在会上，魏老师说的第一句话就是"先做人、后做事"。从训练管理、学习要求及做人标准，一一向学生做细致严格的要求。因为他深知，体育特长生是一批有特长的学生，但不是特殊的学生，她们既肩负着学习和训练双重的压力，又因喜欢篮球而容易降低对学习的要求，所以只有严格管理，并树立起远大的理想和信念，队员们之间才能传递正能量。

魏鲁东老师经常说，"放开打"，打出自信，打出水平，这既是一中篮球场上的核心理念，更是一中篮球队员必备的核心素养，所以应当始终以宽大的胸怀和谦逊的态度拥抱四面八方的友谊和交流。因此，他既"请进来"，也"走出去"，带领球队常与高水平的球队"交手"，让学生们在一次次"交手"实战中提升水平和能力。如积极组织、协调联合成立了

"八校联盟"（即由北京东直门中学、上海向明中学、南京金陵中学、河北省石家庄第二中学、深圳第二实验学校及潍坊一中等八大全国重点中学的男女篮球队组成的联盟），每年举行一次友谊赛，既增进了强校之间交流，又提高了队员的篮球水平。"八校联盟"自成立以来运转很好，并一直延续了下来。魏老师积极协调潍坊市台办组织男篮去台湾比赛，篮球搭桥，教学唱戏，成立理事会，增加了大陆与台湾的文化交流与篮球切磋。他还亲自带领篮球队员走进清华、北大，让学生零距离接触名校。队员们被名校的厚重文化和先进理念深深吸引着，他们徜徉在"清华园"和"未名湖畔"，树立了更加远大的理想。

经过不懈努力，潍坊一中男女篮一直保持在潍坊市第一名、山东省前3名、全国前6名的水平，开创了潍坊一中男女篮历史的巅峰期。2014、

2016年，潍坊一中男女篮参加中国高中联赛山东省赛区比赛，双双夺冠。2017年，女篮获全国高中联赛第三名，2018年女篮蝉联山东省体育联赛冠军。2017年，王岚嵚同学被清华大学录取，周泽文同学通过北大专业测试；2018年，冯可心成功考入清华大学；2020年，王俊麒被北京大学录取。同时，魏老师被评为全国优秀教练员，并于2016年6月被任命为主教练，代表国家率队赴哈萨克斯坦参加"世界青年锦标赛"，获得第七名。《中国体育报》等媒体进行了专门报道。

篮球，因注入了奥林匹克精神而熠熠生辉；篮球，因教育而精彩纷呈。而对于魏鲁东来说，篮球，既是热爱，更是毕生的事业，所以他才会说，做一名有教育情怀的老师，每一天都是快乐和幸福的！

十五、"复合式、全走班"让每一名学生遇到最好的自己

从2017年秋季入学开始，山东省正式启动新高考改革。针对这场重大变革，潍坊一中与国家发展的脉搏同步共振，积极投入新高考综合改革之中。一中首先牢固树立了"天生我材必有用"的教育观，"顺从天性，发展特长；尊重差异，深挖潜能"，同时借力选课走班，转变育人方式，最大限度地为孩子的发展创造更多的选择机会和发展空间，创办适合每一名学生健康成长的教育，发现与唤醒每一名学生，变每一个孩子今天的"有限可能"为明天的"无限可能"。

学校在综合研究、系统比对全国各地不同学校走班模式的基础上，结合学校的实际情况、学校定位和办学追求，决定采用"复合式、全走班"的模式。

复合式，即行政班与教学班复合存在，协调发展。行政班是选课走班

中的管理共同体，教学班根据学生对课程的分类分层选择后重新优化组合形成，是选课走班中的学习共同体，每个学科（包括体育、信息、通用、艺术）都有单独的教学班，根据所有学生的不同选择，每个年级有500多个不同的教学班。

全走班，满足全部学生全部学科全部分层分类选择需要。一是"六选三"，20种组合全部开放供学生自主选择；二是文化课学科全部实行分层分类教学；三是全部学生全部学科全部到相应的学科教室上课，最大限度地靠近和利用学科教学资源；四是体育、艺术（音美）、信息、通用、社团也全部根据学生的选择实行选课走班。

这样，根据自己的选择，学生每人都拥有了一张属于自己的个性化课表，学生全部按自己的课表走班上课，学生的选择得到了最大化满足。

新高考选课走班分层教学实施以来，学校教学组织形式、教学方式、学习方式、管理方式、评价方式开始发生系统地改变，随着学校育人方式和教育生态的改变，育人效果也初步显现。

能力提升。学生的规划能力、适应能力、学习动力、学习生活效率、交际能力有了很大提升。S同学选科时开始选择了物理、化学和地理，分到了物化地组合班级。对他来讲，这应当是个错误的选择。他本身历史不怎么下力气也成绩不错，化学学起来则很艰难。但是老师和家长的意见他都不愿意接受，凭着"你凭什么说我学不好化学"的一时意气，硬是选了化学。但是，正式进入难度渐增的高二课程，他很快就坚持不住了。如果均匀用力，化学就会考得很差，如果阶段性给化学增加投入，其他学科就会全面崩盘。他这样来回拉锯几个回合，实在是无力支撑，经过慎重考虑，最后把化学换成了历史。换科后的第一次考试，他就进步了300多名，历史老师认为他就是那种非常适合学历史的学生，用力不多，获益很大。

这样，他就可以把历史学科节约下的时间，投入其他学科，其他学科的成绩也能维系。结果，2020年高考，他考取了南京信息工程大学。他自己说，"高一和高二考1 000多名，最后能上双一流，满足了"。在这次选科换科的曲折过程中，他更清醒地认识了自我，也学会了做事不能凭一时意气，一定要综合考虑主观和客观各种因素，才能让选择的价值最大化，从而成为更好的、最好的自己。

选课走班分层教学对学生各方面能力的提升，2020年考入清华的孟令昊同学在这方面的体会更为深刻："选课走班，是难得的人生经历，这种经历本身，就是一种财富，人生唯有经历不可替代；适应的，快速成长，不适应的，学会慢慢适应，'人生学会面对失败是很重要的，学会跌倒爬起来不受伤，这是人生最重要的本领'。"

特长发展。特别是奥赛、自招、机器人等创新人才培养等方面成果显著。近年来，一中生物奥赛有40多人获得全国联赛一等奖，8名学生获得金牌，1人获得银牌；信息学奥赛有30多人获得全国联赛一等奖，1名学生获得全国决赛银牌；化学奥赛4人获得一等奖，1名学生获得全国决赛金牌；数学奥赛4人获得一等奖，1人进入省队；物理奥赛3人获得一等奖。学校组建的机器人"创世纪战队"，多次在国内和国际大赛中获得冠军。

成绩突破。近四年来，学校有34人考入北大和清华，7人考入中央音乐学院，7人考入中央美术学院，1 300多人考入985、211高校，本科率接近100%。2020年高考，全省前10名有2人，全省前50名有3人，全省前100名有4人，其中最高分711分，为全省第一名。

选课走班分层教学后，新的教学组织结构的建立，为教师自动赋能，教师发展的动力也被激发，越来越多的教师开始主动改变，走出舒适区，走出职业倦怠，开始"二次成长"。很多老师经历了"不愿改革""被动改革"到"主动改革""主动成长"的过程，不但教育理念和教育境界得到了更新升华，个人能力也得到了快速提高。课堂随意散漫者习惯了条理清晰、未雨绸缪，辅导机械教条者学会了灵活机变、见缝插针，一心授课者开始尝试育人在先。教师们接触了更多不同层次的学生，能够更熟练娴熟地处理学生的各种问题，充分利用一切时间和条件进行各种形式的教育育人活动。

十六、建设"看得见的民主与平等"

2017年11月29日上午，潍坊一中学术报告厅内庄严肃穆。与会教工代表及部分列席教职工济济一堂，出席潍坊一中第九届一次教职工代表大会闭幕会。本次大会，与会教职工代表通过无记名投票的方式表决通过了《山东省潍坊第一中学办学章程》《潍坊一中发展规划纲要》《潍坊一中组织结构及管理制度》等18项事关学校新高考综合改革健康发展的配套制度，为学校在新高考背景下的转型变革、创新发展提供强有力的支撑。大会还选举产生了潍坊一中新一届学校工会委员会及民主理校委员会。本次教职工代表大会自11月6日开幕，11月29日闭幕，共计会期24天。为了保障大会胜利召开，真正体现并充分发挥教师的主人翁精神，大会共征集教职工提案141件，学校统一研究，逐项标号落实。

2018年11月6日—26日，潍坊一中第九届二次教职工代表大会召开，会期21天。大会听取讨论并审议通过了保障改革顺利推进的制度文件20项。2019年11月8日—22日，潍坊一中第九届三次教代会胜利召开，会议审议事关学校改革发展的配套制度与文件21项……所有制度文件都是在各分代表团充分学习讨论、主席团逐项答复逐项反馈的基础上，最后采用教职工代表无记名投票、现场唱票、公布结果的形式高票通过的。一旦制度文件被教代会通过，就会产生"法律"效力，必须遵照执行，而一旦制度文件票决通过率低于85%，则不被通过，只能重新修订、讨论，直至被广大教职工投票认可为止。

建设"看得见的民主和平等"，激发活力，凝聚人心，优化校园生态，是侯宗凯校长全力推行的重大举措。九届一次、二次、三次教代会胜利召开就是落实这一制度性建设的一个缩影。

这一制度性建设同时也集中体现在一中"学术委员会"的成立上。

学校是教书育人之地，理应弘扬学术民主，倡导学术自由，鼓励学术创新，以促进教师的专业成长和学校教育教学的高水平发展。

为加强学校学术工作，真正使专业的事由专业的人来干，经学校党委会提议、潍坊一中九届一次教职工代表大会审议通过，潍坊一中学术委员会于2017年9月正式成立。

学术委员会是并列于学校行政管理、不受行政制约的独立学术机构。所以，对学术委员会做出的学术方面的决定，校长只有建议权，不能采用行政命令的方式予以否决。教师职称评审得分、学校学术积分、功勋记功的认定、教师的专业发展、非行政的民间活动组织、教学大奖赛、市优质课评选、青年教师的培养等等，全部由学术委员会统领，并通过外聘第三方专家组织实施。

学术委员会现在由5人组成（根据需要也可由7人或最多9人组成）。设主任委员1人，其余为学术委员。主任委员由民主推荐的3位学术委员轮流担任，每位轮值主任委员原则上主持工作1年；学术委员会设学术秘书1人（由1名学术委员兼任），负责学术相关材料的收集、整理、建档等工作；学术委员会成员由校务委员会提名，学校党委会研究、提交教代会审定通过后确定。

学术委员实行任期制,每届任期3年,期满可以连任。为保证学术委员会工作的连续性和公平性,每次换届至少调整委员人数的四分之一至三分之一,具体由学术委员会提出调整意见,报校务会审定,经教代会审议通过后执行。

学术委员会委员应具备的基本条件是:(1)学术委员会应充分体现学术权威性。学术委员会委员原则上需有高级(正高级)教师、省(市)特级教师、省(市)名师、市级学科带头人或市级学科育人标兵(教学能手)等资格,科研或教学成果突出者可破格当选。(2)在教师中有较高威望,师德高尚,学风端正,治学严谨。(3)坚持公平公正公开的原则,为人正派,处事公道,责任心强。(4)身体健康,能够正常开展教育教学相关工作,能够正常履行职责。(5)一般从本校一线教师中遴选。因工作需要,也可从外校遴选、聘任相关学者、专家担任。

学术委员会工作按照以下程序运行(以职称评定为例):(1)主任委员通知全体委员,召开关于职称评定的专题会议,邀请分管人事工作的副校长列席,同时邀请职称民主监督小组成员全程监督。学术委员不得无故缺席,如有特殊情况,择日召开。会议由主任委员主持。(2)主任委员宣布工作事项,工作纪律,带领学习本年度全体教职工大会通过的"职称评定的赋分办法",对上学年职称评定出现的问题和疑问进行讨论,并达成一致意见。(3)对教师提交的有关教育教学成果进行认定赋分。在认定时,对每个老师提交的证件,五位学术委员同时逐一审阅并一致认可。如有疑问,可找当事人到会陈述或接受询问,或查阅有关资料,也可咨询相关专家学者或上级主管业务部门,直到一致同意。如果还不能确定,则由5位学术委员投票,采取少数服从多数的原则拟定。如遇学术委员本人或夫妻一方的老师参评，则在评定时采取回避制度。（4）对教师职称评定的结果打印成表，5位学术委员逐一审阅，无异议后一一签字确认。（5）主任委员向学校党委汇报职称评定的过程、遇到的问题、评定的办法及评定的结果。（6）学校党委会同意后，由学术委员会对职称评定的结果在学校公示栏予以公示，并告知全体教职工查看。（7）在公示期内，对老师们提出的疑问，由学术委员会集体予以说明和解答，直至得到老师们的认可。如还有疑问或对结果不认可，学术委员会可则需进行二次审议，如二次审议仍维持原决定，校长则不得干预。（8）对公示期内出现的误判或赋分出现的错误，由学术委员会进行重新认定，并进行第二次公示。公示无异议后，由学术委员将职称评定的原始材料及认定结果集体签字后，上报学校人事部门备案。

国家职称晋升事关每一名教职工的切身利益，是校园内关注度最高的热点和焦点之一，为了保证在此事项上最大的民主和公平，学校还专门成立了由33人组成的国家职称晋升方案修订工作小组，由工会主席担任组长，遴选各学部部门最优秀的教工代表，老中青结合，本着"大家的事大家商量着来办"的原则，开门言事，广泛听取教师呼声，力求在激烈的讨论中逐步达成共识，形成最大公约数。最后经民主讨论形成了《潍坊一中专业技术职称晋升评定办法》，并经全体教职工通过无记名投票的方式表决通过并实施。

新规定实行后，每次职称评定皆能顺利进行，迄今不见问题发生。

十七、形塑一中文化符号，传承学校文化精神
——创作大型话剧《郭恩敷》

教育人物是一所学校最重要的文化标志物，教育人物的高度标志着学校的高度。

2017年，一中党委会决定启用1913年学校建校之初的校歌旋律，并重新填词，作为一中现在校歌。在整理县立中学时期学校音乐教育资料的同时，发现民国初期潍县教育的大发展，得益于那个年代众多教育家们的奉献牺牲和他们践行教育救国理念。在这个教育家群体中，县立中学首任校长郭恩敷就是一个杰出代表。

2018年，首都师范大学音乐学院音乐教育系主任郑莉教授来一中调研学校艺术课程及实施2017版课标情况，看完学校的戏剧课程汇报展演录像课后，建议戏剧课程并不应当仅仅是学习经典、排练名作，还应当挖掘学校优秀人物进行戏剧创作并演出，这样更有教育意义。此建议与学校

不谋而合，学校领导当即研究采纳，决定首先以郭恩敷为原型，由本校师生创作编排大型话剧《郭恩敷》，并于当年年底成立了"《郭恩敷》剧本撰写与排演项目"小组，以具体实施。

创作并排演《郭恩敷》，意在慎终追远，"讲好一中故事，记录百年历史"，实现潍坊一中现代教育与历史文化的深度融合。并以郭恩敷为示范，打造学校文化符号，传播"潍坊一中文化""潍坊一中精神"。

2019年1—6月，项目组开始着手搜集、整理郭恩敷先生的主要生平材料。通过采访知情人，特别是郭氏后人，查阅地方史志、郭氏家谱等途径，挖掘素材，并特别注意发掘县立中学（潍坊一中前身）时期先生的教育理念和教育教学实践，以及其身为同盟会会员和当地学术团体领袖人物所致力的革命活动、民间公益活动等多个领域活动的素材。截至2019年6月，共整理完成郭氏生平材料1.2万字左右。

2019年8月开始，根据以上素材，由语文组侯晓彬老师首先带领三名同学创作纪念郭恩敷先生的诗朗诵，经过前后近两个月的时间，八易其稿，终成定稿《丹心谱——百年教育忆恩敷》。同年10月，该朗诵在潍坊市教育系统"庆祝中华人民共和国成立70周年《我和我的祖国》大型民族交响合唱音乐会"上演出，并获一等奖。

2020年7月高考结束后，话剧《郭恩敷》剧本创作正式拉开帷幕。创作组成员有：高中71级学生谭乃千、王璐瑶、王心怡、李懿霖、李翌宁、王昕玥、陈心怡、邹鑫堃等人。在侯晓彬老师的带领下，创作历时一月，终成7幕完整剧本。原计划开学后利用艺术课组织学生分组排练，选拔演员，打磨剧本，半年后开始联排，一年后可以登上舞台；但学校希望话剧能在2020年度秋季体育艺术节上试演。于是，根据时长和舞台限制，侯晓彬老师又带领高中74级新高一学生，利用十一假期，一周时间，五易其稿，改写成15分钟三场独幕剧，并由潍阳学堂班同学排练，终于在35届校园艺术节成功演出。演出获得师生一致好评，被评为一等奖。

就这样，借助于戏剧舞台，教育家郭恩敷穿越了一个世纪的历史，复活了。

植根于历史的学校文化力量是超越时空的。当先生的声音穿透历史，回响在新一中校园时，其中所内含的一中文化精神就像一声声惊雷，震撼着当代一中学子的心灵——

> 秋风四起，是红叶渲染了一中的大地，是墨香晕染了一中学子的书卷，是恩敷先生的精神影响着一代又一代的一中人。
>
> 朗诵的音乐缓缓响起，我们望向前方，仿佛恩敷先生就在面前，1913年创县立中学，自由民主之精神驻学子之心。恩敷先生于县立中

学播种耕耘，桃李成群。自此薪火相承，豪杰辈出。我感慨，"先生引领潍县教育大风潮，中流击水，日月换新"；我幸运，当年先生不为功名，只为脊梁，今日的我们方才能站在潍坊一中。

当我们激情地喊着"宁杀我头，恕不从命"，我的心微微一颤，思绪也随着这句话回到了那个年代。犹记当年维新烽火，先生"一马当先，县中罢课，抵制日货，宁为玉碎，不为瓦全"。我感慨，先生敢为人先，呼应时代；我幸运，先生"用五四的精魄清泉濯洗出潍县学子好气节，涤荡出齐鲁人民真力量"。

今天，时代的接力棒已传到我们手中。育于一中，是你我之幸。恩敷先生的赤子之心将一直影响着我们流传一中风骨，担当青年重任，与时代共频共振。

——74级（2020年）一部高一（16）班温嘉琦

"恩敷先生的赤子之心将一直影响着我们流传一中风骨，担当青年重任，与时代共频共振。"

这也是一代又一代一中人的共同心声。

这也就是学校文化精神的力量——学校的魂魄之所在！

附录1：潍坊一中校旗说明与使用规定

一、校旗说明

校旗设计借鉴国际性旗帜设计理念，符合现代社会旗帜特色。旗面选用红色、蓝色、黄色，由校徽与学校中英文校名组成。校旗的整体设计理念为：以"崇善、求真、尚美"的价值追求为引领，为国家培养具有家国情怀与国际视野、全面发展又特长明显的卓越人才。校旗色彩选用方面充分考虑潍坊一中作为一所历史悠久、文化底蕴深厚的百年名校，大胆使用了复古色系以代表时间的沉淀。其中红色取自学校主体建筑颜色，代表激情、斗志、乐观和富有感染力；蓝色代表沉稳、和谐、永不言弃，同时与本校校服交相呼应；黄色代表温暖，充满希望之意。旗面的长宽比为3∶2的黄金比例，标准尺寸为192厘米×128厘米。

二、校旗使用规定

1. 潍坊一中校旗由校徽与中英文校名纵向组合构成，蓝底红边黄色字体构成。

2. 潍坊一中校旗标准尺寸为192厘米×128厘米，特殊情况使用其他尺度的校旗，应当按照通用尺度成比例适当放大或者缩小。校旗旗杆高度应控制在8米至12米之间，高度不得超过国旗旗杆。

3. 在学校组织的升国旗仪式以及其他重大活动（如开学典礼、毕业典礼、校庆典礼等）中，在升国旗、奏唱国歌仪式后应组织升校旗、奏唱校歌活动；在其他集会活动中建议使用校旗或组织升校旗、奏唱校歌活动。

4. 校旗作为学校的形象标识，各学部、处室部组织在校内外重大活动或进行对外宣传时，要规范使用校旗，全校师生必须爱护校旗。

5. 对于学生在校旗上乱涂乱画，恶意篡改校旗，故意焚烧、污损、践踏校旗等行为，将记入学生综评系统诚信档案，当学期诚实守信评为D等，并视情节轻重根据《潍坊一中学生惩戒制度》相关规定进行相应惩戒。

说明：《校旗说明与使用规定》自潍坊一中第十届一次教代会审议通过后实施，解释权归校委会。

2020年12月9日

附录2：潍坊一中文化纲要二十二条

第一章 总则

第一条 发展愿景

将潍坊一中建设成为一所能够引领基础教育风尚、满足社会期待、影响学生终生的现代化学校，成为潍坊乃至全国基础教育的窗口学校、示范学校。

第二条 价值追求

崇善：做好人、行善事；有爱心、善包容；讲诚信、有礼仪；知悲悯、懂感恩；明法理、守规则。

求真：学真知、求真理；有想法，不盲从；善独立思考，不迷信权威；做事认真，一丝不苟。

尚美：知美、爱美、致美，提升审美品位，创造美好生活，追求美丽人生。

第三条 培养目标

为国家培养具有家国情怀与国际视野、全面发展又特长明显的卓越人才。

第四条　教风学风

教风：教学相长。

学风：学无止境。

教风学风释义

（一）教风：教学相长

释义：师者，所以传道、授业、解惑也。

传道：在立德树人中修德砥行，怀有仁爱之心，葆有高尚情操；

授业：在知识传授中扎实学识，寻找源头活水，不断吐故纳新；

解惑：在思想碰撞中客观思辨，接纳奇思妙想，师生共同进步。

学然后知不足，教然后知困。知不足，然后能自反也；知困，然后能自强也。

学为教之本，学因教而日进；教为学之助，教因学而益深，师生互勉，和谐共进。

正所谓：教学互促进，师生共成长。

（二）学风：学无止境

释义：学做人，道德为先，于他人处见贤思齐，积善成德。

学知识，兼收并蓄，于历史处撷取学问，博学智达；

学思考，高瞻远瞩，于感悟中生成思想，我思我在；

学格局，胸怀远大，于家国间成就大我，报效国家。

正所谓：知识学问无止境，道德修养无终极。

（三）两者关系：

学无止境与教学相长，都为动态过程，学生树立了学无止境的信念，则会追求卓越，超越自我；老师拥有了教学相长的理念，则会与时偕行，木铎有声。

第二章 学生

第五条 打好精神底色

学会做人,成为有仁爱之心、博爱之心、悲悯之心,讲人道、人性的人;成为能够独立思考,唯真知、真理是求的有想法的人;成为有审美情怀和审美追求,对真善美和假恶丑有辨别能力、不追风、不盲从,践行、创造真善美生活的人。

第六条 勇于担当

志存高远,具有民族责任感、历史使命感和社会服务意识;在学校和家长的帮助下,做好自己的人生和职业规划,立志成为具有中国灵魂、世界眼光和民主作风的社会才俊,成为领先时代、思想活跃和学有专长的社会中坚。

第七条 尊重与协商

懂得尊重他人。尊重父母家人,尊重老师、长者、同学,尤其要尊重社会弱势群体;学会用谦恭的态度与人交往。

学会沟通、妥协和对话。遇事换位思考,以协商的姿态处理问题;懂得克己忍让,具有宽容、大度的品格和雅量。

第八条 学业和高考

成为自主学习的践行者、学业成绩的优秀者。把高考视为自我磨砺的契机,锻炼和提高自身的意志力、心理承受力。不唯高考,赢得高考,超越高考。全面发展,学有专长,掌握娴熟的体育技能和艺术技能。不一定在各个方面都出类拔萃,但至少在某一方面一定要出类拔萃。

第九条 自治、自理和自律

参与自治。锻炼培养管理能力和领导力,成为学校某一方面工作的管理者。

学会自理。会做饭、洗衣、整理内务,不依赖家长;自觉拒绝家长的娇纵,锻炼自理、自立、自强能力。

自我教育。做自我教育的笃行者,"一日三省吾身",主动发现自己的问题,自我改正;通过人生的自我规划、行为的自我约束、心态的自我省察,塑造更加优秀的自我;通过目标的积极确定与适时调整,价值追求的不断升华,让自己的人生精彩纷呈。

第十条 容止(形体,态度,举止)

既有文化修养,又不浮华虚伪、迷失本性;有形象意识,时时处处注意自身形象,用自身形象为学校增光添彩。

第三章 教师

第十一条 教师定位

做学者型教师,努力成长为教育家型教师,崇善、求真、尚美,成为一名优秀的学生学业指导者、健康成长引领者、成功成才帮助者。

第十二条 人文和学科素养

对所教课程——学科的教育价值有正确而又深入的认知,以教育家的视角深刻理解所教课程对学生成长的意义,并在教育实践中身体力行。既具备比较全面的学科素养和业务专长,也具备独有的学科才艺。要有自我反思精神,发现更好的自己,提升自己的生命质量和幸福指数。

第十三条 教师与学生

亦师亦友,彼此悦纳。发现和挖掘学生的潜质和潜能,使其得到充分的发展。教学相长,各取所长,平视学生。提高学生素质和提高自身素养有机结合，在成就学生的同时成就自己。

第十四条　教育和教学艺术

激发学生的学习兴趣，变他律为自律，变接受学习为自主学习。教师把课堂还给学生，把学习自主权还给学生，和学生一起学习，一起交流，共同进步。

第十五条　课程研发

不断更新和完善知识结构，对课程开发有创见，积极开发适合学生成长需求的课程，打造独具特色的精品课程。

第十六条　学习中成长

博览群书，精研专业书籍，爱好读书，爱好藏书，勤于动笔。通过持续学习实现自我保值和升值。

第十七条　仪表

衣冠整洁、举止大方，时时处处彰显崇高文化涵养，为学生做好表率。

第四章　干部

第十八条　基本标准和素养

具有较高层次的人生追求，积极的为人处世心态，较强的号召力和凝聚力，热衷公共事业的公民情怀。

第十九条　团队合作

相互之间懂得沟通与协调。善待部属，能动员各方面的力量实现团队的共同目标；会传递赞美，让每个人感到自己的存在价值和团体的温暖。做事公平、民主，坚持原则，敬畏规则，秉持正义。

第二十条　理解与尊重

包容不同的个性。谅解并容忍他人的缺憾，尊重他人的想法，学会理解与迁就，主动换位思考，能够专注地倾听。

第二十一条　责任与态度

善于从反面意见中吸取营养，善于寻找和创造教育机会；敢于负责，遇到问题以积极的心态寻求解决的办法，以积极的心态和处事方式影响和带动周围的人；善于发现问题，直面问题，及时解决问题。

第二十二条　自省与自知

把自省作为日课。敢于正视自己的不足和缺点，能借人之长，补己之短。

附件：潍坊一中教师誓词

我志愿做一名光荣的人民教师，忠诚党的教育事业，贯彻党的教育方针，落实立德树人根本任务，履行"为党育人、为国育才"初心使命，践行"崇善、求真、尚美"价值追求，教学相长，学无止境，做"有理想信念、有道德情操、有扎实学识、有仁爱之心"的好老师，为培养具有家国情怀与国际视野、全面发展又特长明显的卓越人才而不懈奋斗！

让梦想在校园"落地"

——山东省潍坊第一中学校长侯宗凯访谈

问：潍坊一中是一所百年历史名校，百年历史传承自然会形成自己的教育个性，或者说是办学特色。能具体谈一谈吗？

答：潍坊一中始建于1913年，当时称作潍县县立中学。其前身为建于乾隆二十四年（1759年）的潍阳书院。县立中学首任校长郭恩敷，是同盟会会员、教育家，也是算学家，出身于潍县书香门第、簪缨世家的郭氏家族。1952年10月，学校改称山东省潍坊第一中学，并被确定为省重点中学。2000年，学校成为山东省唯一通过验收的国家级示范性中学。2005年新校区启用，占地1 259亩，绿化面积达60%以上，是一所高标准的寄宿制现代化高级中学。

办学至今，潍坊一中为国家培养了数以万计的优秀人才。如中国科学院院士、空间物理学家刘振兴，著名国画大师于希宁、郭味蕖，奥运冠军邢慧娜等。学校为北大、清华等全国知名高校和哈佛大学等世界名校输送了大批优秀生源。2012年，曾小雨同学以全额奖学金考入哈佛大学，成为山东省中学生直接考入哈佛大学的第一人。

2015年、2016年、2017年，学校连续3年有毕业生获中国科技大学"郭沫若奖学金"，获得"郭奖"的人选全部是本专业的第一名。中科大招生办公室的主任说，潍坊一中连续三年有学生获"郭奖"，这在全国高中学校中是独一无二的。2014年，优秀毕业生李晓丹入选"2014年首届北大学生十大年度人物"，后又被评为"北京市十大优秀团员"。

学校坚持全面贯彻党的教育方针、落实立德树人根本任务，高扬"崇善、求真、尚美"的教育价值追求，以《潍坊一中文化纲要二十二条》和《潍坊一中发展战略》引领学校发展。学校把全面加强党的领导作为深化学校综合改革的根本保证，始终坚持正确方向；牢记为党育人、为国育才的初心使命，始终坚持德育为先；遵循人才成长规律，始终坚持实施素质教育。致力于"为国家培养具有家国情怀和国际视野、全面发展又特长明显的卓越人才"，坚持"学生中心、教师第一，服务导向"工作原则，努力促进每一名学生的全面发展和个性成长。

学校始终坚持民主理校和依法治校的有机统一，始终致力建设"看得见的民主和平等"的校园文化，始终致力建设积极向上、健康和谐的校园关系，通过每一名教师的幸福工作实现学生的健康发展。

学校从2018年开始，大力推行选课走班、分层教学，着力转变育人模式，"顺从天性，发展特长；尊重差异，深挖潜能"，积极创办适合学生健康成长的教育，为学生的终身幸福奠基。

学校于2009年举办中外合作办学高中课程项目班，是山东省首批学校之一。自2012年至今已有八届毕业生，学生全部被加、美、英、澳等海外大学录取，其中近60%的学生被世界排名前100的名校录取，加拿大多伦多大学和UBC大学录取率高达25%。

学校先后与美国、法国等国外学校结为友好学校，并多次互访。每年选派部分师生到美国、英国、加拿大、法国等国家开展交流活动。先后承办了四届"汉语桥-美国中学生中国夏令营"及法国布列塔尼大区

SonerienDu 乐队来校演出等活动。

学校成立了"中学生科学院",下设全能智造研究院、人工智能研究院、创新设计研究院、STEM 教育研究院、高端物理创新研究院等 5 个研究分院,为特长生发展搭建新的平台。近两年来,学校的机器人团队 3 次获得全国比赛冠军、1 次世界亚军。

体育传统项目优势明显。近年来,学校男女篮球队在省内外一直处于领先位置,男篮曾获山东省篮球比赛五连冠,夺得过全国比赛第三名;女篮多次荣获省冠军,夺得过一次全国冠军。2016 年,以学校女篮为班底的中国代表队出战世界 U18 比赛获第七名,为中国在该项世界比赛中的最高纪录。

艺术教育品牌响亮。前有著名国画大师郭味蕖、于希宁等名家大师,近有山东工艺美术学院教授、著名国画家郭志光,山东省艺术学院教授、著名国画家沈光伟,山东艺术学院教授、著名画家谭英林等一大批全国知名画家。自 20 世纪 90 年代初至今,学校共培养了近 4 000 名音乐、美术学生,其中升入中央音乐学院、中国音乐学院、清华大学美术学院和"八大美院"等一流艺术院校的优秀人才就有 200 多人。仅 2019 年就有 4 名学生同时考入中央音乐学院,3 名学生考入中央美术学院。

相信当大家了解了这些基本情况后,潍坊一中的教育个性和办学特色也就不言而喻了。

问:在众多家长的眼中,潍坊一中是潍坊顶级高中的典范,作为名校校长,您如何评价一所学校是否是真正意义上的"好学校"?

答:真正意义上的好学校,绝不仅仅是教学质量优异,而应更加关注学生和教师的长远发展。具体说来,至少有以下几个方面:

好学校是满足学生选择、适合学生成长、学生真心喜欢的理想学校。

在这里，每个学生都有属于自己的成长轨迹，都有自己的独特人生跑道。在全纳教育背景下，学校要为差异化的学生提供适切的教育方式，要为每一名学生创设适合的成长跑道。

要让不同的梦想、不同的潜质、不一样的兴趣、不一样的追求最终在校园中"落地"，学校就应当为学生提供多样化的、可供选择的课程。让每一位学生都能根据自己选择的发展方向从这些课程中找到兴奋点，让每一名学生可以安全地试错和探索，帮助拥有不同学习方式的学生体验不同的成长路径，以及有可能遇到的社会情境。

学校是浓缩的社会。学校应尽可能多地模拟社会的场景，创设岗位，给学生提供锻炼自己、发挥潜能的舞台，帮助他们找到自己真正的优势。

要给学生足够的自由时间与空间，放手让他们自主支配。要建立起平等的师生关系，让校园里少一些说服，多一些对话。课堂不应当是教师授课的讲台，而应当是学生自主发展的舞台。

要坚持把正确的道德认知、自觉的道德养成和积极的道德实践紧密结合，帮助学生修身立德，打牢道德根基。应持续加强学生常规管理，促进学生良好习惯的养成。要站在为学生一生发展而奠基的高度看待我们今天的一切教育活动，促进学生养成良好习惯，收获辉煌人生。要注重教育与管理相结合、以教育为主，注重激励与惩戒相结合、以激励为主，发挥制度在学生的规则意识、自主意识和良好习惯养成中的规范和引导作用。

好学校是重视教师专业发展，突出教师第一位置，让教师幸福工作的理想学校。学校不是职业场，而是事业场。教育不是牺牲，而是享受；教育不是重复，而是创造；教育不是谋生的手段，而是幸福生活本身。让教师处于一个能够不断被激励、被感动的环境之中，处于一个有着强烈归属感的校园之中，那他们对教育的热爱就可能在无形中被激发出来，自然就会成为师德高尚、富有创新精神的优秀教师。教师要不断提高人文和学科素养，能够以教育家的视角深刻理解所教课程对学生成长的意义，并在教育实践中身体力行，既具备比较全面的学科素养和业务专长，又具备独有的学科才艺，而且有自我反思精神，不断打造更好的自己，提升自己的生命质量和幸福指数。

我想，具备上述特点的学校，应该就是真正意义上的好学校。

问：多少年来，素质教育和应试教育明里暗里一直是一个争论不休的问题。潍坊一中是如何解决两者之间的关系问题的？

答：素质教育最根本的要求是实现学生在德、智、体、美、劳等方面全面发展，而应试能力本身也是综合素质的重要组成部分。两者之间不是对立的，而是相互促进的关系。

如何平衡两者之间的关系？潍坊一中首先考虑的是，如何为国家培养德智体美劳全面发展的社会主义建设者和接班人，如何创办适合学生健康成长的教育，如何实现素质教育与质量效益双提升。只要学校把整体提升育人质量作为一切教育行为的根本出发点，两者之间的关系问题就会迎刃而解。

例如高考改革，本身就属于素质教育范畴，所以我们就以2017年新高考改革正式启动为契机，全面推进育人模式变革。以丰富多元、高选择性的课程为依托，全面推行选课走班、分层教学。学校的课程建设紧扣"生活化、学术化、综合化、传统化"的课程建设原则，坚持"类别全面、层次明显、适合选择、分步建设"的课程开发要求，逐步形成符合我校文化的"两大类别、四大系列"的课程体系（两大类别：基础＋特色；四大系列：分层课程、分类课程、综合课程、特需课程），满足每一位学生的个性化发展需求。实行"行政班"与"教学班"并行的复合式、全走班模式。

资源面向学生全打开，20 种选课组合全满足，课程全开设，每一名学生均能找到适合自己的跑道。正是这样一种高选择性的办学模式，让学校的一切资源最大限度地靠近学生，从而充分地激发了学生自我发展的内生动力。学校因此成为学生最喜欢的地方，老师成为学生最喜欢的人。你说这是素质教育还是应试教育？

问：一中是省内外知名高中的社会担当，作为校长，您想把一届届走进一中校园的孩子培养成什么人，才能实现你的教育理想？

答：一中的培养目标很明确：为国家培养具有家国情怀与国际视野、全面发展又特长明显的卓越人才。

一个学生要想成为一个对国家、对社会有用的人，同时又能成就自己的一番事业，实现自己的人生价值，过上幸福的生活，就应该把自己的发展目标同国家的、民族的、社会的目标高度契合，把个人的发展同国家的发展紧密结合。在奋斗过程中，能够勇于面对挫折，不畏艰难，敢于担当。所以，作为校长，我特别重视：一是侧重培养学生崇善、求真、尚美的价值追求，给每一名一中学子打上鲜明的人文底色。二是侧重学生的自治、自理、自律的自我教育。为此，学校建立实施了《潍坊一中学生守则》及《实施办法》《班级千分制管理》《学生自主管理方案》《自主研修学院章程》《综合素质评价方案》等管理制度，发挥制度在学生规则意识、自主意识和良好习惯养成中的规范和引导作用。不断完善综合素质评价机制，引导学生自主管理、自主发展，不断激发学生内生动力。三是提供丰富多元的课程，真正赋予学生选择的权利，让学校所有的资源最大限度地靠近学生，满足学生的发展需要。学校全面开放图书馆，建成潍坊市重点实验室，建设"社团活动中心"，成立了 120 个社团，建立了"二级三类社团管理机制"。进一步拓展艺体人文课程，持续加强艺术和体育教学工作。旗帜鲜明地提出：健全人格，首在体育。让学生在不断体验和感知中促进全面发展，找到兴趣所在。正是这些课程和资源的建设使用，充分满足了学生的选择需求，更好地促进了学生全面而又极具个性的发展。

问：新高考改革目前在全国推进，您认为新高考实施后，对于高中教育有什么样的影响与改变？

答：新高考综合改革是一个系统工程，是国家教育转型发展的顶层设计，是实现国家由人力资源大国到人力资源强国转变的重要举措，是一次指向未来的教育"供给侧"改革，必然会引起高中教育的系统化改变。

我觉得改变至少可以概括为以下几个方面：

（1）办学思想和理念的改变。

新高考的核心理念是"立足差异，尊重选择，扬长避短，容短促长"，给予学生更多的选择权，让每个孩子真正能够找到适合自己的"跑道"，自由快乐地发展与成长。这就需要我们改变惯性思维，牢固树立"学生中心，服务导向"的教育观和"天生我材必有用"的人才观，创办适合每一名学生成长的教育，"顺从天性，发展特长；尊重差异，深挖潜能"，站在更遥远一点的未来看待今天的每一个学生，为学生一生的成长和成功做准备、打基础。

（2）育人模式与治理方式的调整。

对于新高考的"六选三"模式，学生最多会有20种组合，分类选择之后，学生还面临着合格考试和等级考试之分，两者在课时安排、教学进度、教学难度方面必然不同，这就意味着必须实行分层分类教学，传统的行政班教学形式将难以为继。要想保障学生的选择权真正落地，必然要打破原有固定编班、统一开设课程的教学旧秩序，建立师生双向选择、行政班与教学班并存、必修课与选修课兼有、一人一表、一科一班的教学新秩序,实施选课走班、分层分类教学势在必行。鉴于此,在新的育人模式的选择上,我们坚持"全打开、守底线"的走班原则。全打开:资源全打开,靠近学生方便使用;课程全开放,面向学生满足发展需求;组合全开设,满足每一名学生选择需要。守底线:遵循教育规律,遵守办学要求,开全开足课程,保证教学质量。

学校在综合研究、系统比对全国各地不同学校走班模式的基础上,结合学校的实际情况、发展定位和办学追求,采用"复合式、全走班"的走班模式。复合式即行政班与教学班复合存在,协调发展。行政班是选课走班中的管理共同体,根据学生的"六选三"情况进行合理化搭配后形成。教学班根据学生对课程的分类分层选择后重新优化组合形成,是选课走班中的学习共同体,每个学科(包括体育、信息、通用、艺术、社团)都有单独的教学班。全走班即满足全部学生全部学科全部分层分类选择需要。根据选择,学生每人都拥有一张属于自己的个性化课表,学生全部按自己的课表走班上课。一张张个性化的课表,帮助孩子在每一个年龄段展开人生的宽度。

(3)课程建设与实施的提质增效。

课程是经典的社会生活的凝缩,是学校实现办学愿景和育人目标最重要的载体,是选课走班分层教学的有力支撑。课程改变,学校才会改变,课程丰富多彩,学生才会更好成长。构建基于学生选择的多元化课程体系,是学校主动应对新高考综合改革的核心内容。要建立健全分层分类教学模式,更好地满足学生选择,更好地因材施教,必须依托高质量的课程体系,这就需要在课程建设与实施上进一步优化和提高。

为做好课程建设与实施工作,我校成立了课程中心,施行了"三三课程建设行动计划"。组建了13个学科234名骨干教师组成的课程建设项目组，落实学科主任负责制，实行课程组经费独立核算机制，落实课程研发学校领导干部包靠制度和优质课程奖励机制，设立课程研发"首席教师"。在严格落实国家方案的基础上，采用"封闭研发和分散研发相结合，自主研发和专家指导相结合，整合校内资源和借鉴校外资源相结合"的研发策略，积极推进国家课程的校本化实施和学校特色课程的系统化开发，初步构建起课程新体系，为实施选课走班、分层教学提供了必要的也是必需的课程支撑。目前学校实施了9个文化学科43门课程和32个模块145门课程的综合课程，分为"立德、养智、健体、尚美、劳技"五个领域。学校虚拟城市综合实践课程和校外97个实践活动基地，较好地保障了综合实践和劳动课程的落地实施。

（4）生涯规划与指导的作用凸显。

新高考突出选择性的特点和"专业+学校"的录取模式进一步凸显了对学生进行生涯规划的重要性，尤其是如何指导学生选择报考科目成为一个新课题。学校专门成立选课走班研究指导中心，设立咨询师、教育顾问和导师，建立选课指导团队和生涯规划教师团队，编制《学生选课走班指导手册》，制定了"一二三四五"工作策略和"五步选科法"，对学生进行专业的生涯规划指导，提升学生的课程选择能力和自我规划能力。"一二三四五"工作策略就是围绕一个核心：立足差异、尊重选择、创造适合、适性发展；利用两大团队：生涯规划师（专业）、人生成长导师；明确三层维度：诊断唤醒——知己——生涯觉察，体验修正——知彼——生涯探索，选择确定——知彼知己——生涯决策；突出四项内容：学业规划、专业规划、职业规划、人生规划；采用五种方式：课堂教学主阵地、综合实践重体验、生涯测试明方向、团队服务展风采、社会资源进校园。"五步选科法"就是引导学生通过"就业目标（未来要干什么）——专业选择（职业与专业的关联）——学校选择（专业分布情况）——课程选择（专业限选情况）——完善选择（综合参考）"五步选科法，让学生能够"由理想到理性"地选择到最适合自己的课程和选考科目。

问：在您的眼中，"教育"是什么？对您来说它意味着什么？

答：教育就是发现和唤醒。"千篇一律"的教育不是真实的教育。传统学校教育在提高效率的同时，很容易屏蔽每一位学生的个性，抹去差异，只见森林，不见树木。而真正的教育是发现"独一无二的那棵树"。从这个意义上讲，教育的使命是发现和唤醒。如何发现？提供选择！我们在校园里给学生提供各种机会，让学生在志趣相投的伙伴中、在宽容和尊重中，让校园里处处都带上学生成长的印记，进而生成教育真正的力量。我们给学生提供最大限度的选择性，让每一位学生拥有自己的课程，全校4 680名学生每人都有一张专属自己的个性化课表。这样可满足学生多元选择的课程体系，通过不同的实施方式，让每一门课程发挥其独特价值，在因材施教的同时，满足了学生多元的选择需要。选择之下，孩子们慢慢生长出了责任心和使命感；选择之下，他们发现了自我，唤醒了自我。真正给自己装上了属于自己的发动机，最终也必然会成就自我。

潜能理论告诉我们，学生的内动力是在做自己喜欢的事情的过程中自然而然产生的。学生的成长来自他的主动改变。通过提供富有选择性的课程和社团活动，让学生做自己喜欢做的事情，"顺从天性，发展特长；承认差异，深挖潜能"，培养责任意识、担当精神，是激发内动力的基本途径。我们让学生通过自主选择学科课程的体验，调整优化，自我设计，自主管理，不断感受到自主发展带来的成绩和愉悦，提升内动力水平。通过人生、职业和学业目标设定，进行职业考察和生涯规划指导，培养学生积极向上的心理品质，引领学生成长的自觉性。我们通过规范实施综合素质评价促进学生全面而又个性发展，促进学生内动力提升，即外源动力通过有效途径激发内源动力，达到学生健康成长的教育目的。当不一样的孩子最大限度地发现他自己、唤醒其潜能时，校园里便生长出了无数学生自己的想法，教育便会真实发生。

教育就是启迪和感悟，就是一个人影响另一个人。教育的前提是关系，教育学首先是关系学。当教师与学生产生不良好的关系时，教育便无从发生。同样，当我们建立了良好的校园关系、师生关系，给学生带来了正面影响时，教育便有了启迪和感悟，教育就会随之产生。

对我个人而言，教育意味着责任和使命，意味着梦想和挑战，我常在想、在做的就是依靠什么来实现真正的教育。一所学校里，校长、教师思想的高度，决定了学生成长的高度、厚度和宽度。从国家层面上，我们要落实立德树人的根本任务，"为党育人，为国育才"，实现学生德、智、体、美、劳全面发展；从育人目标上，潍坊一中要"培养具有家国情怀与国际视野、全面发展又特长明显的卓越人才"；从学生个体上，每一个孩子都是一个无从代替、无法代替的"独一无二"的那一个。每每想到这些，肩膀上便多了几分沉甸甸的责任感和使命感。

通过不懈的努力和不断的改革创新，我感到至少离自己的教育梦想越来越靠近。现在，潍坊一中校园的生态正在悄悄发生改变。通过选课走班、分层分类教学，更好地满足了学生的选择；通过发挥行政班班主任、教学班任课教师、导师的作用，更好地发现和唤醒了每一名学生；通过多元的、可选择的课程的构建，为学生的个性化成长提供了可能。当站在为学生的一生发展而奠基的高度看待我们今天的一切教育活动时，我欣慰地感到，梦想已经照进了现实，我们向理想的教育更加靠近了一步。

问：疫情之下，直播、人工智能、大数据等新技术，成为学生、家长关注的焦点，您觉得新技术对于传统教育会有何挑战？新技术的产生会对咱们学校的学生的学习有哪些帮助？

答：新冠疫情的暴发和传播，催生了各行各业，尤其是教育对大数据和人工智能的爆炸式需求，也让新技术以从未有过的方式和速度影响、改变着人们的工作和生活。教育虽非抗疫前线，如何做到延期不延学、停课不停学，直播、人工智能、大数据等技术手段成为科技对教育方式的有效助力，在线教育因此实现了质的飞跃。而随着大数据、人工智能等一系列新技术应用的逐步落地，也必将对传统教育体制改革产生深远影响。可以说在教育理念、人才保障、教学模式、资源保障等各个方面颠覆了传统，对学校管理、教科研培训、教师评价等方面也提出了更高的要求和挑战。

疫情期间，多家教育机构宣布为中小学生免费提供在线教育课程，为中小学校免费开放在线授课平台，尤其是在阿里教育、腾讯教育的参与引领下，互联网教育在模式及内容探索上呈现出百家争鸣之态。"互联网+"模式不受时空限制、可共享优质教育资源的优势，打通了线上教学和线下教学壁垒。这种模式利用大数据分析每位学生的学情，为不同水平的学生推送符合自身需求的个性化学习方案，老师实现了个性化教学，学生实现了个性化学习，在很多方面比传统的教学更有效、更能做到因材施教。面对挑战，我们也将提前布局，持续探索，逐步搭建以大数据、云计算、人工智能等先进信息技术为支撑，涵盖智慧教务、智慧教学、智慧考试、智慧培训等各个层面的生态体系。

问：您认为未来的教育趋势是什么？

答：与大数据同行的学习就是未来的教育。决定教育之未来的，是那些更好地利用大数据来适应学习的组织。有了大数据支撑，教育将从根本上发生改变，以学习者为中心的教育终将到来。

随着社会移动终端的普及、云计算服务的发展、大数据分析技术的突破，基于学生行为大数据分析的教学将逐步变成现实。线上线下融合教学和学习的趋势势不可挡。

受益于大数据提供的极具价值的反馈信息，教师也将身兼学习者的角色而不断进行学习。从更加广泛的意义上来说，教育不再被视为主要由教师向学生传递知识的单向的过程，而将成为一种为包括学生在内的每一个人提供学习、提高和发展机会的场所。大数据的支撑还将会为学生成长提供更多场景和情境，实现真实情境化的教与学。

同时，与之而来的还有教师职业的重新定位与二次、三次专业成长。未来的教育形态中，教师的角色职能会发生改变。教师将会从繁杂的日常工作中解脱出来，并成为大数据学习系统与学生之间的连接点。教师将是学生自主学习的指导者、陪伴者和学生成长过程中的合作伙伴，将会更多地从知识传授走向育人。未来的学校也将是学习者为中心的学校，教师与学生的关系会随着场景的改变而马上改变，"学无止境"的学风和"教学相长"的教风将会更具现实意义。

从学生个体的成长角度而言，未来的教育将会更加承认差异、尊重个性。我们的教育会更加基于人才培养和选拔的要求，主动变革教学方式、方法，树立以学习者为中心的教学理念，着力实现从教学思维向学习思维的转变。站在这样一个角度看问题，在我们眼里就再也没有一个"不可造之才"、不成功的孩子，我们会把阳光均匀地撒到每一个学生身上，进行差异化的教育，深挖每一个学生的潜能，发展学生特长，变每一个孩子今天的"有限可能"为明天的"无限可能"。

当然，在大数据支撑下，教育发生深刻变革的同时，教育也离不开其固有的生长土壤。立足中国大地做教育，"为党育人，为国育才"的初心使命始终不会改变。"培养具有家国情怀与国际视野、全面发展又特长明显的卓越人才的目标"不会改变。

附件：侯宗凯小传

侯宗凯，生于1967年，山东省高密市人。1990年大学毕业即从教，先后出任高密四中教师、高密二中校长、高密一中校长、潍坊市教科院院长等职。2016年出任潍坊一中党委书记兼校长至今。

侯宗凯在高密四中工作期间，任语文教师。1993年担任高密四中语文ACT教学改革课题主要负责人，在李希贵校长的指导下，变革语文教学模式，变教师教为学生主动学。此项改革成为后来影响全国的"语文实验室计划"和"语文主题学习"教改实验的滥觞。后被聘为高三年级两个班的班主任和教工团总支书记，并兼任两个班的语文课。这期间，他大胆进行班级管理自动化改革，在1995年高考中取得一名同学考入北京大学等突出成绩，任职级部主任时，在1998年高考中创造了一个班级同时有两名同学考入清华大学的突出成绩。这在乡镇农村高中成为奇迹，一时传为美谈。

侯宗凯2006年出任高密一中校长。这期间，他深入实施素质教育，教育教学质量迅速提升，创下了县市高中一年考取10名北大、清华学生和进线率多年保持潍坊市第一位的优异成绩，社会满意度达到近满分的水平，比较好地实现了"志向高远、人格健全、基础扎实、特长明显"的育人目标和"为四十岁做准备"的校训。学校被高密市委市政府特别授予"教育突出贡献奖"，并设立一中发展基金每年200万元，以褒奖、支持学校更好更快发展。侯宗凯因此连续三年获北京大学"中学校长实名推荐"资格。

侯宗凯于2016年12月出任潍坊一中党委书记兼校长。任职以来，他牢记为党育人、为国育才的职责使命，紧紧围绕"致力建设国内一流的现代化示范学校"的办学愿景和"为国家培养具有家国情怀与国际视野、全面发展又特长明显的卓越人才"的育人目标，忠实践行"崇善、求真、尚美"的教育价值追求。全面加强党的领导，努力夯实全面从严治党与推进改革发展相统一；持续深化现代学校治理体系建设，可持续发展的机制制度不断健全完善；持续推进新高考综合改革，选课走班分层教学新模式取得明显成效；持续深化课程课堂教学改革，不断增强学校核心竞争力；不断提升学校治校育人水平，着力打造德智体美劳全面发展新格局。学校教学质量持续高位运行，奥赛教学成绩突出，艺体教学特色鲜明，学校影响力持续扩大。教育部部长陈宝生2019年7月莅临学校调研考察，称赞"学校办得好"。

附录3：揽月湖畔文明花开
——潍坊一中喜获全国文明校园荣誉称号

2020年11月20日，全国精神文明建设表彰大会在京举行。中共中央总书记、国家主席、中央军委主席习近平亲切会见参加大会的新一届全国文明城市、文明村镇、文明单位、文明家庭、文明校园以及未成年人思想道德建设工作先进代表，向他们表示诚挚问候和热烈祝贺。

在本次表彰大会上，我校喜获第二届"全国文明校园"荣誉称号。学校党委委员、副校长卞文广同志代表学校受邀参加表彰大会。这是今年继山东省新高考改革元年取得优异成绩之后，我校取得的又一项崇高荣誉。成绩的取得，得益于潍坊市委市政府、市教育局的正确领导，得益于学校在育人模式改革道路上的不断探索，得益于全体一中人的不懈奋斗。

文明花开揽月湖，育人改革谱华章。十九大以来，潍坊一中以创建全国文明校园为契机，不忘立德树人初心，牢记为党育人、为国育才使命，全面深化育人模式改革，全面加强精神文明建设，努力创办适合每一名学生健康成长的教育，学校党委政治核心和领导核心的作用不断强化，学校综合实力和核心竞争力显著增强，育人质量、社会声誉和办学满意度稳步提升。本届"全国文明校园"荣誉称号的获得，是党中央对我校办学业绩的认可，标志着一中教育攀升到了一个新的高度。

回顾过去，我校在"文明校园"建设上主要抓了以下几个方面：

让优秀文化成为涵养文明的沃土

从学校历史中挖掘优秀文化基因。以学校首任校长，民国时期著名的教育家、算学家和爱国主义仁人志士郭恩敷为原型，创作诗朗诵《丹心谱——百年教育忆恩敷》和校园话剧《郭恩敷》，以此树立起学校优秀文化的标杆。在1913年县立中学时期校歌韵律的基础上，经重新填词修订的2018版《潍坊一中校歌》，成为学校的经典文化符号。

明确学校发展定位和价值追求。立足学校实际，确立了《潍坊一中文化纲要二十二条》《潍坊一中发展战略》；确立了学校的发展愿景：创办适合每一名学生健康成长的教育，将潍坊一中建设成为一所能够引领基础教育风尚、满足社会期待、影响学生终生的现代化学校，成为潍坊乃至全国基础教育的窗口学校、示范学校；确立了学校的育人目标：为国家培养具有家国情怀与国际视野、全面发展又特长明显的卓越人才；确立了学校的教育价值追求：崇善、求真、尚美；确立了"教学相长"的教风和"学无止境"的学风。

用现代学校治理体系推进依法治校、民主理校

建立与发展相适应的学校组织结构和常规运行机制。学校推行以扁平化、分布式、制衡型为特征的管理模式；坚持"学生中心、服务导向"，调整优化职能部门设置，把学部置于战略发展核心位置；实施"一级两部"管理，缩小管理跨度；学部同步实施分布式领导，推行项目制管理；落实"有权的不理财，理财的没有权"，加强对敏感事项的监管监督，"让权力在阳光下进行"；关心关注民生民意，真心实意为师生办实事、解难题，坚持每年面向师生征集和办好"十件实事"。

不断深化校内人事和分配制度改革。学校全面推行岗位职责分类考核和教学质量科学评估；强化过程性和发展性评价，突出教育教学实绩，把认真履行教育教学职责作为评价教师的基本要求,引导教师上好每一节课、关爱每一个学生。始终把教师队伍建设放在突出位置,实施名师建设行动计划和青年教师青蓝工程,组建课程建设核心团队和大型考试命题专家团队,锻炼队伍,激励教师成长。支持教师的学术能力发展,设立学科主任、学术委员会、课程中心等学术组织。实施《学术积分及计奖办法》和《功勋积分记功办法》,每年组织优秀教学成果奖评选,激励教师的专业发展。建立实施"七大"系列评先树优机制,激发内动力水平不断提高。近三年,涌现出了全国模范教师邱霞、潍坊市有突出贡献中青年专家张景涛、富民兴鲁劳动奖章获得者魏鲁东、潍坊市五一劳动奖章获得者常洁祖等一大批先进典型。

用高选择性的育人模式和课程体系引领学生自由全面发展

全面实施选课走班分层教学育人模式改革，推动学校的教育生态发生系统性变革，为学生的发展创造了更多的选择机会和发展空间。《新高考背景下普通高中普适性分层分类选课走班教学模式的研究与实践》被教育部确定为全国"十三五"教育科学规划重点课题。

全面落实国家课程方案，建立适合学生发展的高选择性学校课程体系。《深化综合课程实施　助力学生健康成长》获得潍坊市教育教学重大问题和教育教学创新案例奖。《促进高中生个性化成长的课程体系构建与实践》被确立为山东省基础教育教学改革研究项目立项课题。

不断聚焦学校中心工作，积极推行"基于标准的教学"高效课堂改革，实施春秋两季课堂教学大赛；定期组织教学诊断，不断发现问题，改进提高；高度重视阅读课程、实验课程、创新教育课程实施。新建了科技创新实验中心、高端物理实验室、高端生物实验室、通用技术教室，实行了必做实验清单管理，课程建设和设施不断健全完善。

主动变革育人模式，立德树人成效显著。深化实施学生综合素质评价，深入推进学生过程性评价，不断调整优化评价内容。建立学生各类自主管理组织，成立"学生自主管理委员会""自主管理学院""中学生科学院""宿舍社区管委会"等学生组织，搭建舞台、创设情境，推动学生自主发展。健全完善"三位一体、三级联动"学情会商机制、"八类特殊学生"关爱机制，让每一个学生的问题都能得到及时解决。设立学生资助管理中心和惠民服务站，学生资助应助尽助，学生诉求有求必应。高度重视学生社团建设，实行注册及准入退出机制，纳入学分管理，记入综评报告。创新教育成果显著，机器人社团夺得7项全国和世界大赛冠军。高度重视劳动教育和综合实践，制定出台劳动教育课程方案，纳入必修课程，规范组织实施。2020年，潍坊一中团委荣获"全国五四红旗团委"称号。

以过硬的教学质量提高办学满意度和影响力

学校整体办学水平及影响力持续提升。近几年,高考重本过线均超过1 000人。2020年新高考元年,学校重本过线率近80%,普本线过线率达到98%;特优生成绩突出,全省前50名有3人,孟令昊同学以711分的全省最高分被清华大学计算机专业录取;有17名同学进入全市前100名。学校体育教育特色鲜明,学校男女篮均夺得山东省赛事五连冠,女篮获得过全国冠军,男篮夺取过全国第三名。艺术教育成绩突出,近三年,共有9名学生升入中央音乐学院、美国伯克利音乐学院,7名学生升入中央美术美院或清华美院。奥赛教育特色鲜明,近几年来,五学科奥赛有10人获全国奥赛金牌,2人获银牌,1人获铜牌,其中9人被保送到清华、北大,75人获全国一等奖。国际教育成绩优异,国际部100%的学生被海外大学录取,其中近60%的学生进入世界排名前100的名校就读。

党组织强有力的领导为学校办学提供政治保证

持续推进学校党建工作与教育教学工作融合发展。将党建和党风廉政建设工作融入教育教学、课程建设、师德师风建设、教师专业发展、服务质量提升全过程,努力将学校打造成党建与业务融合发展的示范性学校。高度重视思政课程和课程思政建设,将思想政治教育融入育人全过程。高度重视干部队伍建设,建立领导干部"信任投票制度"、述职述廉制度、管理岗位工作职责考核评价制度、领导干部失职渎职问责制度,充分发挥关键人物的关键作用。2020年,学校荣获潍坊市中小学十大党建品牌学校。

以创先争优为载体推动精神文明创建工作

学校先后组织开展"美丽中国主题研学""追寻红色记忆""文明出行"征文等8项综合实践活动和系列校园活动。组织师生走进社区、农村、街头、敬老院,开展扶老助残、义演捐助、公益募捐、爱心义卖、关爱自然、知识普及、文明倡导等志愿服务活动。疫情期间,广大学生积极参与社区防疫工作,自发为疫区捐款,匿名为医务人员订送暖心热饮,录制抗疫励志歌曲;党员教师成立"爱心志愿服务队",为一线抗疫人员子女提供网络学业指导、心理疏导,受到社会广泛赞誉。2020年高考结束当天下午,高三(6)班同学直奔献血车无偿献血,为自己的高中生活画上一个圆满的句号,展现了新时代青年学生的责任担当和志愿奉献精神。

全国文明校园的创建成功,使有着百年历史文化底蕴的潍坊一中有了新标识、进入新境界。学校将以获评全国文明校园为契机,把学习、宣传、

贯彻党的十九届五中全会精神和习总书记关于教育的重要论述精神作为首要政治任务，用习近平新时代中国特色社会主义思想指导我们当前正在进行的教育教学改革，牢牢坚持社会主义办学方向，全面落实立德树人的根本任务，以社会主义核心价值观引领培养时代新人，推动理想信念教育常态化、制度化，开展党史、新中国史、改革开放史、社会主义发展史教育，引导学生树立建设社会主义现代化国家的远大理想，为努力践行学校"崇善、求真、尚美"的教育价值追求，不断深化育人模式改革，努力办好人民满意的教育。

附录4：让每一块金子都闪闪发光
——一位高中校长的教育随想

讲述人： 侯宗凯（时任山东潍坊市高密一中校长）

有人问哈佛大学校长，建校350年来最值得骄傲的是什么？哈佛大学校长回答说，最值得骄傲的不是培养了6位美国总统，不是造就了36位诺贝尔奖获得者，也不是全美国500多家特大型企业一半以上的经理是哈佛的学生，最值得骄傲的是哈佛的教育：它让每一块金子都闪闪发光。

"让每一块金子都闪闪发光"，这是一种怎样的教育思想和境界！从这里，我们也就不难想出哈佛能够成为全美，乃至全球尖端人才培养摇篮的缘由。

"让每一块金子都闪闪发光。"这句话让我更深刻地领悟到教育的真谛。每当记起，它都会使我产生一种心灵的震撼和深深的感动。它像是出现在我眼前的一抹阳光，引我前行。

带着这样一种震撼和感动，2006年7月25日，我担任了李希贵先生曾经任过的高密一中校长一职，并在此后的日子里，留下了教育的点点滴滴。

一、建设民主的校园

没有民主的土壤,就不会有生命的成长,有的只是槁木。

——题记

1. 民主理校畅议会:一中的"下午茶会"

也许是出于职业生活的原因,我特别愿意和师生交流谈心,不刻意地追求某个明确的目标,也不讲究交流的形式和对象,没有任何条框约束,话题自然也是自由轻松式的拉心里话。这个习惯,我从讲师一直到后来走上管理岗位也没有改变过。

现在想想,正是这些不经意间的交流,常常引发我一些有益的思考,甚至恰好帮助我发现了一些自己常常忽视的问题,破解了某些苦苦找不到方法的难题。

后来,我看到一份资料。资料的内容大意是:在闻名世界的剑桥大学,有一个组织教授喝下午茶的习惯。教授学者们把学术课题带到下午茶会上来讨论,书香与茶香交融。在那种轻松雅致的氛围中,教授们一边叼着烟斗与品论茶道,一边进行着思想的碰撞和智慧的交流,因此产生了一个个惊天动地的伟大发明。剑桥大学的一位校长曾这样诠释"剑桥精神":活跃的文化融合和高度的学术自由。而形成这一精神氛围的重要形式,他认为就是下午喝茶和喝咖啡时自由随意的交流。难怪有人说剑桥大学喝下午茶,喝出了60多项诺贝尔奖。来到高密一中后,我开始思考:能不能在学校管理中搭建一个平台,把老师们之间不刻意的交流形式变成一种自觉的、民主的信息共享、集体决策管理模式呢?

我把这个想法带到了校务办公会上，大家一讨论都感觉好，认为这的确是一个发扬民主精神、开发潜在信息资源、拢聚集体智慧的创新形式。盘子定了，可是叫什么名堂呢？大家七嘴八舌地议开了。最后有人提出，之所以要做这个事情，就是要发动群众一起发现问题、解决问题，说到底，就是一个发扬民主、推进民主、建设民主的问题，那么可以叫"民主理校畅议会"。大家一致同意。

从此，我们就有了一项新的民主管理学校制度。

民主理校畅议会不需要繁缛复杂的形式和程序，但需要事先精心的组织和准备。学校定期召开主要由工会委员、教职工代表和学生代表参加的民主理校畅议会，在广泛征集师生意见和建议的基础上，就教职工评优、考核、晋职、福利发放、教育教学、学生管理等方面的问题进行议论，形成的合理化建言作为学校决策的重要参考依据；同时听证学校政策制定背景和过程，询问、监督学校的校务财务运转等。这样一来可以把民主共识化为共同行动的动力；二来可以集全校智慧科学决策，增强学校透明化管理，为广大师生搭建新的民主管理学校平台。

在一次民主理校畅议会上，老师们就教师专业发展问题展开了热烈的讨论。整整一个半小时的时间，大家你一言我一语，都在积极地提观点、发议论、想办法、做论证，整个气氛自由而热烈，直到结束，许多老师还意犹未尽。正是那次畅议会，老师们提出了许多我们意想不到的创新性工作思路，包括开展名师论坛、名师讲座、高校课堂评比、青年教师沙龙、读书研讨活动等。后来我们把它进行了整理，作为我们今后开展名师培养工作的指南。许多老师深有感触地说，还是这种议事办法好。听得出，老师们的态度是满意和支持的。

关于民主，大教育家杜威说得很直接："它（民主）首先是一种联合生活的方式，是一种共同交流经验的方式。"从这里来认识我们的民主理校畅议会，还应该承载更多的含义，这也使我们坚定了努力开发和完善其内容和形式的信念。

2. 让学生担任校园文化设计师

2007年，我们决定对整个校园进行重新设计和布局改造。有人建议可以请专业的广告公司来设计操作，这样一来可以免去许多麻烦；二来专业广告公司设计水平高，可以更好地实现提升学校形象的目的。不可否认，这的确是个省力又省心的主意，可是我们最终还是没有这么做。我们认为，校园设计布局要能体现出我们的文化精神，而这些只有我们师生自己最清楚。我们自己设计的可能不如专业人员设计得那么漂亮、华丽，却拥有我们自己的品质。同时，校园文化设计这个过程本身就是一个凝聚精神、提升境界、达成共同目标的过程。所以，从文化的意义和教育的意义双重考虑，我们最终决定让学生来当我们学校的文化设计师。

我们采取了招标的办法，面向全校3 300多名学生征集校园文化设计方案，并提出了几个指导原则：要能充分展示学校的文化底蕴、文化精神、价值取向，体现高品位的文化内涵；要人人参与，每个学生都要为学校文化建设建言献策，为学校发展贡献才智；要突出人文精神和人文关怀，体现尊重人、教育人、激励人、发展人的导向作用；强调优秀传统文化精神和思想道德教育，突出文明、诚信、仁爱、民主、科学、和谐、创新发展的主题；充分展示学校独特的办学理念、办学特色和师生的精神风貌，要具有鲜明的时代性、艺术性和个性化色彩。

评选的组织工作由各年级选出的学生代表组成的组委会负责。经过讨论，组委会设计了三审程序：先是由各班级的学生组成评审小组进行初选，然后由组委会邀请一部分教师和学生组成复评组进行二次筛选，最后交组委会进行遴选。从 2 000 多份参评方案中，最终评出了 20 个获奖的优秀作品。可是，当他们把最终确定的设计方案交给学校审批时，我们发现这个方案并不是获得一等奖的设计作品。原来，学生们为了真正地做好这件事，此前广泛邀请学生代表提出修改意见和建议，并请美术设计协会的学生对优秀方案进行了改进，形成了三个最优化方案，同时也给校长留出了选择的余地。在整个过程中，学生们热情高涨，参与积极性很高。

征集校园文化设计方案活动，既锻炼了学生，增强了他们的主人翁责任感，也展示了学生的才华，使他们在主动参与的过程中，对校园文化精神有了更深刻的感悟。学生也正因此拥有了真正属于自己的校园文化。

现在，当走进我们的校园时，你所看到的环境文化，都是我们学生自己设计的作品。挂在各教学楼上的名人系列的事迹和画像中，开始出现我们自己学生的照片；各功能楼有了一个个充满学术文化气息的名字——博雅楼、春华楼、励志楼、文昌苑、仁和居，而给这些楼厅命名和题书的，也是我们的学生……这些充满个性的文化载体，构成了一道亮丽的校园风景线。

3. 让学生制定审议学生管理制度

有一段时间出于规范习惯和学生安全考虑，我们费尽心思、不厌繁细地制定了甚至连我们自己也数不清的规章制度。从文明说话到服饰发型，从排队就餐到出入学校，从课堂规范到宿舍纪律，从两操到自习……在什么时间干什么事，我们都规定得一清二楚。学校还专门设置了学生管理部门，实行全天候检查。似乎只有这样无缝隙的管理，我们才可以放心这些孩子。

这些制度起到了立竿见影的效果。我们切实地感觉到，学生上操整齐了，迟到扣分的现象减少了，车辆摆放也规范了……情况正如我们所希望的那样。应该说，管理到这个地步，已经达到了一种比较令人满意的状态。

正当我们自我感觉良好的时候，老师们却反映：学生好像变得沉默和焦躁了，大多数学生谨言慎行、小心翼翼，唯恐被罚扣分，有一些学生甚至和老师面对面地顶撞起来，导致师生关系紧张。面对自己的学生，难沟通、难教育、难管理，一时成了老师，尤其是班主任心中的痛。

怎么回事呢？

有的干部认为，这是正常现象，因为如今比原先管理严了，学生一时还不能完全适应，过段时间，学生习惯了，这种情况自然就会逐渐好转起来。

如果事情真有这么简单的话，倒也好说。可我总觉得在这些现象的背后，似乎还有别的原因。

一天晚上，我把学生自律委员会的几名同学请到了办公室，以谈心的形式，诚恳地听取了他们对这件事情的看法。开始，同学们非常拘谨，一个个正襟危坐，一脸的严肃。我一下子笑了，说："看同学们紧张成这个样子，难道我是老虎，会吃掉大家不成？"同学们这才被逗乐了，渐渐打开了话匣子。有一个学生跟我说："校长，学校制定了这么多的管理制度，最终目的是为了我们好，这我们能理解。但是，这些制度基本是从老师的角度来设计和要求的，有一些并不适合我们；而且这些制度之间交叉重复、标准不一，甚至有些自相矛盾。我想，能不能不要把制度变成学生的枷锁。"

后来，我汇总了我们制定的制度，仔细审查，发现学生们讲得一点儿没错。原来如此！

道理很简单，当我们在做这样那样规定的时候，把学生拒在了门外，把本来应该是民主的制度变成了对学生专制的工具，从而使整个管理只见制度不见人。

于是，我赶紧调整思路，开始考虑我们制定制度的出发点应该放在哪里，是以学生为本，还是以管理者为本？本来，这个问题的答案是明摆在那里的，但事实上，我们却常常陷入后者的惯性思维，而没有考虑学生。这么一来，学生不理解或者采取各种行为方式表现出的逆反现象，虽然在我们的意料之外，却也应该都在情理之中。所以，这种思维方式必须改变。而要根本解决这个问题，办法只有一个：尊重学生，让学生自己来解决这个问题。

这又使我想到了我们的教职工代表大会。既然我们学校的重要制度都必须经教职工代表大会审议通过（事实证明这已经是成熟的管理方式），为什么不在学生层面上也设置一个这样的机构，让学生来制定审议学生管理制度呢？

建立学生代表大会的决议就这样敲定了。在组织筹备的过程中，我提了一个要求：对这个会议制度要十分重视，形式规格要和教代会一样，要相信学生，真正把民主还给学生。

因为这是第一次，学校把组织权、决策权、立制权都让给了同学们，所以同学们都显得格外兴奋和激动。会前征集提案时，学生会、团委第一天就收到了120多份提案。后来，提交校长办公会研究时，提案竟达到了360多份，其中还有好多是集体复议的提案形式。而且让我没想到的是，学生提案的质量很高，很多同学提出了有深度、有思考的问题和有价值、有创意的建议。这下，原先对这事持怀疑态度的老师也都反过来佩服起学生们了。

根据提案的要求，大会的另一个重要议题是，完善、修订、整合学校管理制度。同学们对所有的学校管理制度进行了认真研究，重新编排序列、删减不合理的成分、整合重复交叉内容、统一规范标准,最后形成了一个系统、明确、简洁的文本汇编——《高密一中学生指南》。在修订过程中,同学们不但达成了一致意见,加深了对学校管理规定的深刻认识和系统把握,更提高了遵守执行规范的自觉性,使原先管理中的一些难题得到了根本性破解。

学校把尊重和民主还给了学生,就为同学们自我管理、自我教育开辟了一个新的天地。而当民主权利得到尊重、民主精神得到高扬、民主生活方式变成了一种习惯和规范时,我们的学校也就变成了民主的校园。

4. 成立学生法治委员会

学生在校违反了校规校纪后该如何处罚?以前常常是由学校领导和老师说了算,可 2006 年的冬天发生的一件事,让我产生了改弦易辙的念头。

一名高三学生严重违反了学校纪律。家长非常着急,多次找到学校领导,希望能够从轻处罚。班主任及其同班的有些同学却强烈反对,要求学校开除他。两方面观点的对立一度让事情陷入僵局。经过几次校长办公会和行政办公会研究决定:给予该生留校察看处分。处分意见的布告当天便贴了出去。没有料到,不到一个小时,布告便被抠了两个大洞,学生名字及处分结果都被撕了下来,布告牌上还清晰地留下两个脚印。

看来,想通过这种手段教育该生悔过自新的想法并没有被该生认可,相反,还让他产生了非常严重的抵触情绪。他是豁出去了。

这件事在学校领导班子中引起一阵风波,大多数同志要求将肇事者查个水落石出,然后把家长叫来,劝其退学,不然学校还有什么尊严!但是做了多年学校管理工作的副校长毛凤山不同意这样做,他建议再给这个学生一次改过机会,不管是他自己干的,还是找同学干的,不要追查了。毕竟是未成年的孩子，有时候头脑一热，就容易犯错误。

我在心里对毛校长的意见投了赞成票。

我们做学生工作，单凭主观愿望是不行的，尤其是在处分学生问题上，要讲究策略和方法。苏霍姆林斯基说过："教育，首先是关怀备至地、深思熟虑地、小心翼翼地触及年轻的心灵。在这里，谁有细致和耐心，谁就能获得成功。"

面对领导班子的两种截然不同的意见，我没有轻易表态。会议也没有达成一致的意见，事情暂时搁下了。

一天晚上，电视台报道了杭州市就天然气涨价举行听证会的新闻。天然气公司由于物价上涨因素的影响要求调价，但是调价方案（草案）出台不久，就招来天然气用户的强烈反对，有不少市民甚至给市长打电话反映在物价上涨之风蔓延的时候，天然气再次涨价无疑是推波助澜、趁火打劫。一边是天然气公司成本增加要求涨价，一边是面临生活压力的普通市民的反对，如何协调好两者的关系，无疑成为影响民生的大问题。无奈之下，杭州市价格主管部门召集来自各个阶层的普通市民代表及天然气公司领导、律师等进行座谈听证。在听取了天然气公司的成本核算和公司发展压力后，不少市民的立场有了些许变化，但是仍然不同意每立方涨1元的调价方案。经过几次激烈讨论后，天然气公司领导决定加强内部管理，降低产品附加成本，以此减轻消费者的生活成本。经过协商和成本再次核算，天然气公司与市民代表达成了每立方涨价0.75元的意向。正式调价方案公布以后，得到了杭州大多数市民的称赞。

杭州天然气涨价风波的平息，给了我有益的启示：能否把处分学生的问题交给学生裁决呢？于是，经学校领导班子研究，达成了一致的意见：学校成立了学生法治委员会。学生法治委员会通过竞选产生，主要由学生自律委员会委员、学生会成员和优秀学生代表组成。其主要职责就是加强对学生的遵法守纪教育，化解、仲裁学生内部发生的各种纠纷；"审议"学校对违纪学生的处理意见，并做好受处分学生的思想教育工作，帮助他们改正错误、悔过自新。法治委员会利用模拟法庭、学生约谈等方式，对学生的各类违纪行为，经过听取"申诉"或"辩护"、集体讨论、民主评议等程序，根据学校规章制度，做出合理"裁决"，让违纪学生在接受处分的同时接受教育。

学生法治委员会处理的第一个案件就是我们搁浅的高三学生违纪事件。裁决的结果是：校委会处理的意见过重，方法欠妥；而学生所持的抵触态度是错误的，应该做出深刻的检查。这个结果双方都接受了，达到了教育目的。

高一的李军沉迷网络游戏，整天泡在网吧里。学校按规定曾给他警告处分，可是处分效果不佳，之后他也没有什么改正。鉴于此，学校给了李军等6名学生一个特殊的"处分"：让他们参加学生法治委员会的听证会。

80多人参加的听证会，除了犯错误的学生，还有学生家长、社区干部和其他同学代表。听证会由学生法治委员会主持。先由学生本人陈述所犯的错误，并提出自己改过的一些想法；然后学生处主任、家长、社区干部纷纷从各自角度谈论沉迷网络游戏的危害。最后，学生法治委员会达成共识：李军等同学已经认识到自己的错误，应该再给他们改过的机会，决定不给予处分。

对此，李军同学心悦诚服，此后告别了网吧，学习成绩也有了长进。同一批痴迷网络游戏的同学，也纷纷收了心，其中一名同学还当上了美术班的班长。谈到学生法治委员会，李军说："学校虽没有给我处分，可是给我的教育太深刻了。"

二、搭建成功的立交桥

教育，从某种意义上说就是为学生的成长、成功创造环境、条件和机会。

——题记

1. 走向多元文化的艺术节

20世纪伟大的物理学家爱因斯坦说过这样一句发人深思的话：什么是素质？当我们把学校里学过的东西全部都忘掉之后，剩下的便是素质。

那么，我们的学校教育到底给学生留下了什么？

我们曾经做过一次针对毕业生的调查，调查的题目是"关于母校的回忆"。结果，我们发现无论是当年没有升入高校现分布于社会各行各业的人，还是考入高等院校包括北大、清华的学生，母校给他们留下最深刻的记忆，一个是母校的校训，"毕业那么多年了，'为40岁做准备'的校训像一面鲜明的旗帜，依然在心中高高地飘扬，使人意气风发地去创造人生的辉煌"；第二个是以文化艺术节为代表的中学生自我锻造工程，"在那段青春的岁月里，丰富多彩的艺术节给我们留下了终生难忘的回忆和无尽的精神财富"。

1996年，高密一中从举办第一届文化艺术节，到现在已历经12届。开始的时候，艺术节不过10项内容：书画比赛、"美的瞬间"摄影比赛、"一中人风采"和艺术节通讯报道比赛、"我心中的一中"诗歌朗诵比赛、文学欣赏沙龙、音乐欣赏沙龙、小发明和小制作、"我爱我家"理想家庭设计、缝纫长廊，还有美食一条街。为了让艺术节真正成为同学们自己的节日，所有的节目都是由班级学生竞标中标自己举办的。我们要求所有老师都不得随意干涉学生的活动，实行节日期间"无批评日"，同时要求每位老师都当好学生的服务员和顾问。两个白天加两个晚上，同学们都兴高采烈地在舞台上展示自我、张扬个性，连家长、市里的领导、新闻记者们也都赶过来过节，整个学校成了一片欢乐的海洋。尽管初次过节，同学们略显经验不足，但还是给他们留下了太多的启发和感动。

我们的艺术节延续到现在，不断加进一些让人感到好奇和新鲜的项目。集邮协会的同学办起了集邮展，生物兴趣小组的同学办起了花卉展，民间工艺团的同学展示了高密市民间工艺"高密三绝"（剪纸、泥塑、扑灰年画），戏剧协会的同学办起了京剧国粹大舞台，音乐器乐协会的同学办起了乐器演奏会、歌舞晚会、校园歌曲大赛，还有收藏展、课本剧表演大赛、电脑设计大赛、诗配画比赛、跳蚤书市、英语演讲比赛等。有一部分更加"大胆"的同学扎台子、铺地毯，做起了模特服装展示会；还有一些同学联手市电影公司，借来了放映设备，火爆地举行了一个英语经典影片展播，据说票房收入超过了市影院；更令人感动的是，有一个班级的同学收集了一些德高望重的老师多年珍藏的历届学生送给他们的贺卡，精心布置了一个贺卡展，成为令全校师生敬仰的新看点；航模小组现场表演燃放自己组装的长征二号丙运载火箭模型；遥控组指挥放飞伞翼机和火鸟 400 遥控飞机；在全国大赛获得冠军的电脑机器人小组举行了机器人现场表演……

让人激动的还要数闭幕式上精彩晚会后隆重的颁奖仪式。优秀组织奖、团体总分奖、优秀创意者、优秀裁判员、优秀工作者、最佳主持人、最佳明星奖、会徽设计奖、吉祥物设计奖、艺术节主题设计奖、特别贡献奖、优秀顾问奖、支持奖、参与奖，就连仪仗队、花束队和我们的总承办班级也都给他们设立了奖项。奖牌和奖品由我们学校领导班子成员颁发给每一名同学，而同学们也把这些奖励看得格外珍贵和重要。他们认为艺术节的获奖是自己才干的重要标志，无比荣耀。

有一名叫李菲的同学，当她以嘉宾的身份被邀请到学校电视台进行艺术节访谈时，她说："第一次获得'优秀组织者'荣誉，我激动得眼泪都要掉下来了，一种神圣的自豪感在心中升起。获奖是令人向往的，但努力拼搏的过程更加美丽。在这个过程中，我们学会了竞争与合作，我们的付出化作了精彩，我们的努力得到了尊重，我们既体会到了成功的喜悦，也感受到了挫折和困难。因此，我们更加自信，因为我们找到了自我，也超越了自我。"

正在大学读书的范玉鹏给母校写信说："感谢母校开展的那些红红火火的活动，正是那些被一些人视为浪费时间的活动，使我们学到了许多课本上根本学不到、人生发展历程中又必不可少的内容，使我们在进入大学后，面对众多的社团活动感到自信从容。现在看来，面对文化多元、崇尚创造、竞争生存的时代，学校的这些文化活动无疑给我们奠定了良好的基础，让我们受益终身。"

2. 给我们一缕阳光，我们还你一个太阳

在我们学校，凡是列于中学生自我锻造工程的活动，都毫无例外地让学生自主竞标承办。我们希望通过这种形式，把主动权还给学生，让他们充分展示自我、张扬个性。

在第十二届艺术节总承办竞标会上，同学们打出了一面旗帜，上面印着他们的壮志豪言："给我们一缕阳光，我们还你一个太阳；给我们一滴清水，我们还你一片海洋。"从一幅幅充满个性和创意的海报，到一份份周密策划的竞标书；从一场场激烈的竞标答辩，到每一个项目的精心组织；

从中标班级的承办工作的再分工，到龙腾虎跃的展示大舞台，同学们津津乐道，以空前的热情、全员参与的恢宏实践演奏出了绚丽多彩的乐章。

负责总承办班级的班长告诉我，争取到总承办这个机会不容易，要办好这个活动就更不容易，所以同学们格外珍视。为了办好这次活动，全班50多名同学齐上阵，每人分管一块都忙得不可开交，可人手还是不够用。因为每项工作都是一项极其繁杂的工程，仅艺术节的主题、口号就征集了900多个，他们专门成立了一个小组利用课余的时间加上晚上加班，整整5天，才评出了一个初步的结果。为了造声势，赢得大家的认可，他们又用了5天时间，把这个初评结果印发给大家征求意见，还召开了几次听证会，才总算定下来15条口号，最终确定了这次艺术节的主题——文明秩序、全员参与、合作竞争、主动锻造。说到艺术节吉祥物的征集时，他不禁感慨起来："千万别小看我们的同学，这当中真是藏龙卧虎。本来艺术节吉祥物征集设计时，为了保底，我们特邀了几个美术班的高手参加进来，可没有想到我们请的高人的作品却在海选中落榜了。在140多份征评作品中，高二（7）班的一名平日不显山露水的同学横空出世，以最高票数摘夺桂冠。"

原来，这名同学叫张良，一问，竟然是个纪律散漫、跟老师关系紧张甚至有时不服从老师管理、学习成绩也很差的学生。他唯一的爱好就是读武侠类小说和卡通书。谁也没有想到，他居然有作画的特长。这次班里征集吉祥物，张良当着大家的面看上去漫不经心地这么一画，居然赢得了一致喝彩。最终他的作品在大选中闪耀胜出，为班级赢得了荣誉，令老师、同学对他刮目相看。而张良呢，经过这么一次展示，也感受到了很大的成就感，自信心就来了，开始认真地研究起美术来，同学们也改变了对他的看法。之后班里办个宣传栏、黑板报什么的，总是请他担任美工，经他设计的版面和插图，大家都服。后来，在分班时，他经过慎重考虑，选择了美术班。在老师的帮助下，他有了很大的起色，学习也认真起来，成为美术班学业专业双优的学生。就是艺术节中的这么一个偶然的机会，却改变了一名学生。

从这个认识出发，我们把塑造成功，让每个学生成为英雄，作为我们开展一切教育教学活动的一条重要指导原则。我们虔诚地期望，多年以后，能从这里走出我们的人民艺术家、科学家、思想家、工程师、IT专家等各行各业的领袖级人才。

3. 构建校本课程"超市"

国家新一轮高中课程改革实行三级课程管理，要求把课程管理的权力下放，重心下移。这就意味着国家把更大的课程自主权放给了学校。而对高中学校而言，实施新课程方案，不仅结合学生自身发展和学校实际，创造性地开发校本课程，还要对国家课程进行二度开发，逐步实现课程校本化。

达尔文的物种演化理论告诉我们，世界上没有两片完全相同的树叶。世界正是因为物种进化的差异才显得丰富多彩，我们的教育何尝不是这样！每个孩子的个性都与众不同，我们的教育就应该创造像大地一样的土壤，让不同的物种在阳光下健康自由地发芽、成长、开花结果，而不是去规定种植的品种、规格。显然，只有为不同个性的孩子创造发展的机会，他们才会在主动的发展中实现个性化的成功。

所以我们把"尊重差异、尊重发展"作为我们进行校本课程建设的重要指导思想。

应该说，开发校本课程，我们还是有较好的基础和一定经验的。自

1995年李希贵先生任校长时，高密一中就开始了对选修课、活动课的探索和实践。开始的时候，只有28门选修和活动课程，但在当时引起了一场深刻的观念变革，推进了学校课程结构的拓展和组合，初步构筑起了以必修课程、选修课程、活动课程、隐性课程四大板块有机结合的课程体系。后来，我们把选修、活动、隐性课程统称为校本课程。随着教育改革的不断深入，我们的校本课程不断扩展，一度达到了60多门选修课、活动课。事实证明，开设校本课程，不但大大丰富了校园文化，提升了校园生活质量和品位，也有效地促进了学生科学精神、创新能力、审美素质、演讲能力、写作水平、领导才华等各方面素质的发展，因而也得到了学生的极大欢迎。据我们开展的一次对考入高校的学生的调查，其中考入北大、清华重点高校的37人中，有25人成为高校的优秀学生干部，出现了校友中干部多、党员多、博士研究生多的"三多"现象。

开设校本课程，我们认为一定要以学生是否需要或者是否感兴趣为准则，所有课程都要放开，让学生自主选择。所以，每学期开始，我们都把本学期所有校本课程科目、指导老师、教学纲要、开课时间地点等，印发给学生，让学生像到超市购物一样自愿选择，学期结束，根据学生修习和活动情况授予学分，进入综合素质评价。因此，校本课程被同学们称为"课程超市"。

有一段时间，因为种种原因，我们的校本课程一度不受重视，这直接影响了我们的教学质量。这一现象引起了我们的警醒和反思，也深刻地教育了我们的干部和教师，尤其是青年教师：校本课程绝不是可有可无！因为很多素质的培养是单靠国家课程所无法实现的，为国家计，为社会计，为学生未来计，我们就必须全面认真、不折不扣地执行、落实好新的课程方案。

于是，构建新的"课程超市"再一次成为我们研究的重大课题。从

2007年下半年起，我们在认真总结以往的课程教学经验、规范校本课程管理的同时，又陆续开设了电视节目制作、新闻采访与写作、演讲与口才、文学鉴赏、第二外语、天文科技、人工智能机器人、理化生实验、心理健康等20个门类的校本课程，组建了莫言文学社、红黄蓝美术工作室、求实记者团、民间工艺"三绝"艺术团、绿叶诗社、铁龙机器人实验室、百灵鸟合唱团、动感篮球部落、绿茵雄风足球俱乐部、皓月乒乓协会等18个学生社团，为校本课程的开展提供了多元的实践大舞台。与此同时，我们还在学校内开设了名生讲座、名师讲坛。名生讲座重在让学生现身说法，讲述自己成长的故事，发展特长的经验，破解问题的方法策略，讲述发展创造、关注生态环境以及格物致知、修身励志等方面的成功经验。名师讲坛则着重学术文化、思想道德、教育科研、学习导航、科技信息、政要新闻、文学艺术等方面的思想交流与成功分享，分系列、分专题进行。实践证明这些课程得到了广大师生的热烈欢迎，选修校本课程，开讲和听讲座成为校园新风尚，在全校形成了浓厚的学术氛围和文化气息。

正如我们所期望的，校园因此悄然发生了变化：图书馆里师生人数明显增多了，学术报告厅座无虚席，演讲辩论厅里针锋相对、喝彩阵阵，体育场上对阵摆擂，音乐厅里歌舞飞扬，记者团在忙着采访，电视台在紧张地制作节目……整个校园真正活跃了起来，变得生机勃发、活力四射。

"课程超市"焕发出了生命的活力，同时也告诫我们：要创造一个供学生选择的教育。给学生一个空间，让他们自己去发展；给学生一个机会，让他们自己去把握；给学生一段时间，让他们自己去安排；给学生一种权利，让他们自己去选择；给学生一个舞台，让他们自己去展示。从这个意义上说，开发校本课程，我们依然任重道远。

4. 班级轮值周：变管理行为为教育行为

2007年夏，我们正在研究下一个学年度的教职工聘任和岗位设置，学生处主任跑到我的办公室，见面就说："校长，给我们增加岗位吧，学生管理科那5个人，实在是忙活不过来。"

坦率地讲，学生管理科工作人员紧张，这我是清楚的，也是个历史问题。可是，学生处主任要求增岗，却给我出了一道不大不小的难题。

有没有一个办法，既能分担学生管理科的工作，又不增加编制呢？

有句很有名的教育金言提醒了我，"我们要尽可能地变管理行为为教育行为"。是啊，可不可以把这个管理的过程变成教育的过程呢？

我在校务办公会上提出了让学生自己管理自己的想法。有些干部提出了质疑和不同的意见，毕竟，学生管理不是件小事，出了问题谁负责？我告诉大家要相信学生，他们自主开展的自我锻造工程不是很好吗？给学生增加一次锻造的机会，有什么不好？最后，我们达成一致意见：让学生做做试试。

学生管理科的老师很快起草了一个实施方案，按照自愿的原则，每个星期有一个班级参与学生管理，负责学生上操、卫生区、行为仪表等方面的监督检查；一周结束，执勤班级要写出工作报告，并提出管理建议，同时由学生处做出考核，记入学生综合素质评价和班级管理评价。我们把这个方案叫作"班级轮值周制度"。学生处还专门针对该项工作的要求、技术等方面，办了个培训班，所有申请并被批准的执勤班级的学生都要参加培训，要做到先培训再上岗。

第一个星期，有15个班级申请执勤，根据对申请班级的实施纲领和工作计划评选，学生处最终确定了高二（1）班担任首班执勤。学生处主任后来跟我讲，培训的时候，同学们学得非常认真，不仅把有关规章制度背得烂熟，还在一些重点的地方做了专门标记，并不时举手提问，直到把每一条款彻底弄明白为止。这个班的班长则告诉我，通过学习培训，他们班的每一个学生不仅熟悉了学校的管理制度，而且对每个制度都有了深刻的理解。他说如果自己都搞不懂，还怎么去管理别人？所以，高二（1）班同学都约定，从现在起，一定要模范地遵守各项规章制度，给全校同学树立起样子来。显然，同学们已经开始由他律自觉地向自律转换了，这不正是我们所追求的目标吗？

一周下来，同学们有了不少的感触。刚开始，执勤的同学还不能完全适应新的角色，工作上还放不开手脚，查处违纪同学特别是高年级同学时，不敢理直气壮。但是三天后，绝大多数同学就基本上适应过来了，自我认识到位了，心里踏实了，工作上自然也就大胆认真起来。一名女生在谈体会时说自己的性格非常内向，以前从来不敢在众人面前讲话，一说话脸就红，经过这次锻炼，感觉自信心有了很大提高，在大家面前说话不怵了。更让她没想到的是，自己还有管理别人的能力！这个班的体育班长说得更专业："总算体会到了，学生处的老师真是不容易。学生管理工作不但很累，更要紧的是要管得合情合理、公平公正，可要做到这一点可不是件容易的事儿。就拿我们查操这件事来说，因为同学们做操始终是一个动态的变化过程，规范整齐与否都在一刹那，检查时一不留心，就会出差错。为了保证打分有理有据，我们规定每名同学负责检查两个班级。可是，尽管同学们做了很大的努力，但还是判分不太准确。后来，我们集思广益，不再搞单干，将整个操场划块管理，一个小组负责一块，检查时小组成员从不同方向布点，这样做的好处就是可以从不同角度来观察，最后小组汇总综合分析，这么一来，准确性就提高多了。还有一个收获就是我们学会了团队合作的办法,这是我们得到的最大财富。"

三、理想学校要有自己的高度

目标只盯住麻雀的射手,射出的箭永远达不到老鹰飞的高度。

——题记

1. 43 年前,诞生了一个伟大的生命

"43 年前,诞生了一个伟大的生命。"这是我校学生为綦敦继老师写下的生日祝词。

43 岁的綦敦继从事英语教学 27 年,是高密英语教学名师,也是市内外有名的班级管理行家,更是深受学生家长爱戴的优秀导师。他教育成功的最大秘诀在于尊重学生。课堂上,他会努力营造一种民主、宽松而不失严谨的氛围。"英语课上,枯燥无味的语法在綦老师的手下变为妙趣横生的'立体几何',再辅以精炼的例句,如同色香俱全的美食,让人回味无穷。""课堂上綦老师从不带备课本,每一个句子中的每一个知识点他都能仔细讲解,简练而透彻。"这是他的学生听课的真实感受。

作为一名班主任,綦敦继一直追求着这样一种境界:让每一名学生都在明媚的阳光下追求真知,升华自我,感受成功。谈到綦老师最让学生感动的故事时,他的学生谭乐磊说:"綦老师可以陪身患阑尾炎的学生到天亮,但不会因自己脚扭伤而耽误学生一节课;他可以为烫伤的学生忙里忙外,但不会因自己的胃炎而拖延学生的英语课……"他总是教育自己的学生,要用感恩的眼光看待世界。母亲节时他会让学生回忆讲述母亲做过的让自己感动的细节;教师节时,他会再三叮嘱学生用虔诚的心给老师写下祝福,写下感激；在学生给他举行的生日晚会上，他也无一例外地告诉学生："生日，最该感激的就是母亲。"……所以，綦老师班里的学生都懂得感恩，每个人心中都充满激情和爱心。他最爱纸条。每年期末临终时，他都会给班里每人一张100~200字的长方形小纸条，上面有他为每一个学生专门写的心里话。这项工作要花费他两三天时间，但他总是乐此不疲。纸条的内容有时还可能是歌词。他送过的歌曲有多首，例如《奔跑》《感恩的心》《我的未来不是梦》《父亲》《众人划桨开大船》《快乐崇拜》等。他的学生都会唱这些歌。

他特别注重对学生能力和素质的培养，并非只看重分数。他的班会通常由学生主持，让同学来演讲以锻炼口才，每位同学都有上台表演的机会。他的主题班会是可以感动整个校园的，他的"北大不是梦""感恩的心"，让每一位师生都赞叹不已，足以撼动人心。他的英语教学目标是让学生到大学里去潇洒。在他眼里，高考算不得什么，应放长线钓大鱼，顺便高考拿高分。

他很爱唱歌，而且乐意改歌。他在一首歌词里写道：北大人大是客栈，国际舞台常出现。对学生期望之高、之切，动人心弦。

"綦老师是五十岁的人，三十岁的心。"每个和他共事的人或被教过的学生大都如此评价他。有人公开说，要为綦老师写30万字的传记。

作为学校业务拔尖的学术委员，綦老师最大的乐趣就是听青年教师的课，同时全天候开放自己的课堂供青年教师观摩学习。刚参加工作的英语教师展素华对此深有感触："綦老师自己的课上得好，将宝贵的教学经验与我们青年教师共享，让我们青年教师有了学习的榜样。"工作之余，他笔耕不辍，撰写了30余篇教育教学论文，对我校英语整体教改和大阅读教学实验进行总结推广，带动和引领了全市的英语教学。

"我很羡慕高密一中的学生们,可以零距离接受綦老师的教诲,聆听您的教育箴言,我多么希望自己也能成为您的学生啊……"以优异的成绩被我市某高中录取的学生小张,因严格的划片招生政策限制使他与自己向往的高密一中失之交臂,满怀遗憾的他在开学之初给綦敦继写了这样一封信。綦老师就是这样一个令全市学生向往的"魅力"教师。

綦敦继老师是我们学校的一张闪亮的名片。随着名师锻造工程的扎实推进,像綦敦继这样具有真正教师特质的"名片"在我们高密一中已越来越多,他们代表着高密一中教师群体的素质高度,是我们创办理想学校的标杆和底气。

2. 张铁龙和他的机器人团队

2009年5月10日,山东省第十届"银鹰杯"中小学电脑机器人竞赛在我校圆满落幕。来自全省各地的120名选手、83支代表队分小学组、初中组、高中组参加了机器人足球、机器人灭火、机器人破解能源等项目,山东卫视等新闻媒体对大赛盛况进行了报道,使全省中小学对高密一中的教育教学,特别是对电脑机器人教学方面有了更加深入的了解。

早在2001年,为拓宽实施素质教育的渠道和空间、提高学生的综合素质,学校投资30万元建成了潍坊市第一个机器人实验室,年轻的张铁龙受命开展机器人教学研究。八年来,高密一中电脑机器人实验室在张铁龙的带领下,经历了从无到有、从摸索前行到全国领先的过程。

2003年,张铁龙带领初中、高中两支学生代表队,带着自己研制的电脑机器人参加山东省电脑机器人比赛,首战告捷,分别获高中组二等奖、初中组三等奖。

这次比赛赛出了信心,他和他的团队下决心冲击全国比赛。张铁龙和学生瞄准了高级智能机器人尖端技术研究，从机体构造到语言编程，从数字指向技术到传感技术，取得了创新性突破。2004年，张铁龙率学生参加山东省青少年电脑机器人比赛，夺得第一名。省科技厅专拨资金，安排高密一中代表队飞赴南宁参加全国比赛，并获铜奖。

一路汗水一路歌。2005年，张铁龙率学生再夺山东省电脑机器人比赛第一名，继而获全国季军；2006年，高中组、初中组比赛队均获山东省第一名，全国比赛双双获亚军；2007年，张铁龙参加全国机器人精英邀请赛专家组比赛，获全国第一名；率学生参加在郑州举行的全国电脑机器人比赛，摘得全国冠军；2007年，在上海举行的第八届中国智能机器人竞赛中，年仅31岁的张铁龙应邀担任总裁判长，一时名声大振。2008年，在第九届"广茂达杯"中国智能机器人大赛中，高密一中代表队再创佳绩，第二次包揽了电脑机器人足球高中组金牌。

张铁龙团队之所以取得如此优异成绩，最关键的一点在于他的辛勤付出和不服输的精神。

开展电脑机器人教学之初，没有教材，张铁龙就自己编创；涉及尖端科技知识，他就借助网络请教国内外专家；没有构造部件，他就趁外出学习、比赛之机，到全国各地电子市场"大海捞针"，甚至把家里的水舀子、孩子玩具车零件都拆来给机器人作车床。他经常忘记吃饭，夜深时干脆睡在实验室。数百次实验的失败，都没有动摇张铁龙的信心。

外出参加比赛，作为教练员的张铁龙总是最辛苦的。为了让学生有好的精力参加比赛，他把仅有的一张卧铺车票让给学生，自己却在车厢走廊里看守机器。有一次参加全省比赛，开赛前一天，有一台参赛的电脑机器人损坏了，情急之下，张铁龙加班加点修理机器，两天一夜只休息了不到3个小时……

屡屡摘金夺银，使张铁龙成为业界闻名的电脑机器人研究专家。几年来，十余所国内知名学校向他发出高薪聘请意向，某电脑机器人公司更是开出年薪50万的筹码，甚至有一名外省学生家长当场拿出20万"预定"来年的全国冠军……所有这些，都被张铁龙婉言谢绝。他说他对高密一中有着难以割舍的感情，这里有勤奋善良的学生和团结合作的同事，离开高密一中他还真舍不得。

张铁龙和他的机器人团队以其一流业绩为全校师生树立了一个富有感召力的目标：像高密一中这样的县城中学是完全能够步入全国普通高中最前列的！

3.《中学摄影教程》填补了全国中学教材的一个空白

近年来，高密一中培养了大批的"名特优"学生，其中缘由成了不少络绎不绝的来访者不断追问的话题。其实原因很简单，这得益于我们的"导师制"。为了让每个孩子都得到健康、全面、充分的发展，我们在省内率先推行了"导师制"，针对学生的兴趣爱好及个性特点，"及时施教、因材施教"。学生的特长及个性化品质得到健康发展。这也为有所专长的教师提供了多元发展的舞台，从而使中学教师由"职业型"走向"导师型"成为可能。在这方面，特长教育处主任李强就是一个典型例子。

担任政治课教学任务的李强，业余喜欢摄影，拍摄的《过年》《相伴人生路》《岁月》《忙年》《众生相》等300余件作品和撰写的16篇论文先后在《中国摄影报》《大众摄影》《人民摄影》等专业摄影报刊发表，或在各级比赛中获奖；先后举办了"金秋十月沂蒙行""黄土地风情""甘南藏族风情"等专题摄影展和"李强摄影作品展""行走的风景摄影展"，受到行家和社会各界好评，并被吸收为中国摄影家协会会员，两次前往北京人民大会堂参加交流活动。为培养学生的摄影特长，他开设了摄影选修课，出版了《中学摄影教程》等近十本专著，成了省内外颇有名气的摄影教育专家。

李强工作之余省吃俭用，坚持利用节假日外出创作，每年春节期间，他都要远行，原汁原味的沂蒙山区、古老的陕北黄土地、金色灿灿的内蒙古坝上、冰清玉洁的吉林雾凇岛、岁月沧桑的北京胡同，以及圣洁而又神秘的甘南藏族地区等地方，都留下了他的足迹。为了拍摄出好的作品，他付出了常人难以想象的艰辛，黑龙江双峰林场的暴雪、新疆戈壁沙漠的孤寂、福建土楼周边的盘山公路、云南与四川的奇特地形……伴随其中的辛苦和危险早已不计其数。

李强老师实现由政治教师到摄影专家的成功转型，固然得益于他的特长爱好，但也与学校的特长教育氛围分不开的。在发现李强的摄影天赋之后，学校为其提供了宽松的环境，并创造一切条件鼓励支持他发展自己的摄影专长。学校将摄影列为校本课程，成立了七色光摄影之家；建有光学实验室，内部配备摄影灯具、照相机等；为其订阅了《中国摄影》《大众摄影》《中国摄影报》等专业报刊；支持他组织学生到沂蒙山区等地进行创作；在宣传栏设有"光与影"专栏，供学生交流学习；经常举办"文明一中人""艺术节美的瞬间"等摄影比赛和展览，并在学校艺术馆开辟李强摄影展区，将摄影与校园文化建设相结合；帮助摄影素质好的学生确立摄影志向并报考高校摄影专业……

李强在特长教育的园地里辛勤耕耘，既促进了个人专业成长，也为学校特长教育增添了光彩。2001年，其编著的《中学摄影教程》由吉林摄影出版社出版，并面向全国发行。不少学校把它作为摄影教材，填写了我国中学摄影教材的空白。对此，北京电影学院张益福教授给予了高度评价：

"李强老师通过实践编写的这本教材很有特色,具有实用价值,对于青少年来说是非常有益的美育课本,对素质教育大有裨益。"该教材获得潍坊市校本教材评比一等奖,我校的摄影课程被评为活动育人精品课程,上海、北京、广西、内蒙古等地的中学摄影爱好者或学生家长纷纷来校拜访学习。几年来,他又先后出版了《中外摄影佳作赏析》《摄影高考基础与训练》《摄影画面构成》等多本摄影专著,开创了中学摄影教育的先河。我校先后为北京电影学院、中国传媒大学、西安美术学院、山东艺术学院等十多所高校的摄影专业输送了 40 多名摄影特长生,在各级各类青少年摄影比赛中获奖达 200 人次。《中国摄影报》《中国教育报》等媒体对我校开展摄影教育的情况还做了专门报道。

"利用摄影做学问,做有学问的摄影家"一直是李强的艺术追求。他这样做了,并且成功了。他的成功也激励着其他教师:发展自己的特质和专长,成为某一领域的专家,填补某一方面的空白,在成就学生和学校的同时,成就自我。

4. "莫言文学馆"启迪高密学子不忘根本,志存高远

2009 年暑假期间,莫言文学馆开馆仪式在我校隆重举行,时任国家文化部副部长王文章等领导出席。

莫言是高密大地上走出来的蜚声海内外的中国当代作家,是中国当代文学的一座奇峰。"千言万语,何若莫言!"他多次获得了国内外大奖,他的作品被翻译成 20 多种文字。"要让我来选诺贝尔文学奖获得者,我就选莫言……再也没有人比莫言更接近我们的文学特质了。"诺贝尔奖获得者的日本作家大江健三郎如是说。

莫言文学馆由"文学成就""成长道路""文学王国""故乡情怀""文

化交流"等展览板块组成，并附设影视室、莫言书法手迹展室、莫言作品资料室，展示了莫言的珍贵手稿、照片、影像等，全力打造出了一个"勤奋的莫言、高密的莫言、真实的莫言"。

在莫言文学馆筹建之初，高密市莫言研究会在选址问题上非常慎重，形成了多个备选方案，唯独没有设在学校校园的计划。听到这一消息，我们立即召开校园办公会，决定尽最大努力争取让莫言文学馆落户一中，让莫言走进师生的生活。因为，我们完全可以用莫言的精神激励师生的成长，为学生树立一个真实的学习标杆和活生生的崇拜对象，同时以此丰富学校文化内涵，提升学校文化品位。

经过详细的调查论证，莫言研究会改变了原先的备选方案，将莫言文学馆最终定位在我们学校，并于 2006 年开始酝酿筹建，2007 年 6 月动工兴建，同年 11 月对外开放。开放之后，先后接待来自国内外参观者 3 600 多人，并组织当地 5 000 多名中小学生参观学习，在国内外产生了深远影响。

作为东道主，我校广大师生更是对莫言文学馆充满了期待和向往。一大批青年学子自发成立莫言文学社，开展了莫言故居参观、莫言文学研究、文化名人访谈等系列活动。语文教师韩连芳、仪娜主动请缨担任莫言文学馆的解说员，为来宾提供热情周到的服务。每逢有人参观，韩老师总是自豪地说："大学期间看到老师和同学们那么'热捧'我们故乡人莫言的作品，自己感到莫大的自豪和骄傲；如今莫言文学馆建在我们学校，能够在自己的校园和学生们一起走进大家、亲近大家，是一件很幸福的事情，对我们的学生来说更是一种幸运。"

是的。我们的学生是幸运的，我们可以随时来莫言文学馆读书学习，有机会与全国各地的莫言文学爱好者交流，可以与莫言等国内外文学名家对话，让学生有了走进大师、亲近大师的机会。高二（5）班李姿慧同学，是莫言文学社社长，她说："在文学馆里我们可以见解不同，可以激烈讨论。文学的最大魅力就是激发出每个人心中最深层的火花，每个人的火花一定会闪耀不同的光芒。莫言巨大的文学成就、艰难的成长历程、曲折的文学轨迹、成名的真谛、浓郁的家乡情结和丰富的人文精神，让我们亲身感受到莫言对书的酷爱，了解莫言成功的秘诀。我们一定要以莫言为榜样，立志成才，为国家争光，做一个有世界眼光和家乡情结的中国人。"

莫言本身就是一个奇迹，一个神话！他只上了5年学，而且至今自称是"一个农民"。他一再强调，故乡"高密"早已成为一种符号，好比福克纳笔下的"约克纳帕塔法世系"。它换成任何一个名字，依然存在。而存在的理由，便是其背后恣肆的"民间"，他把它归于一种宿命。

莫言身上发生的一切告诉人们，根系高密"民间"，可以走多远！也启迪高密学子和高密一中：从这片空气里混杂着"原始激昂"的土地出发，什么奇迹都可以发生！

校园话剧《郭恩敷》

创作团队

谭乃千　王璐瑶　王心怡　李懿霖

李翌宁　王昕玥　陈心怡　邹鑫堃

代表高 71 级一部全体毕业生向母校潍坊一中献礼！

第一幕　簪缨书生沉黄显志气　潍阳书院筹款聚人心

人物介绍

郭恩敷——男，字荫汀，30 岁左右。

幼时郭恩敷——10 岁左右。

李秉衡——男，山东巡抚，65 岁。

陈师爷——男，山东巡抚衙门师爷。

宋书升——男，郭恩敷老师，晚清进士、经学家。

郭　母——女，郭恩敷母亲，30 岁左右（郭恩敷 10 岁时）。

谭梦笙——女，小名芊芊，5 岁。

刘金第——中年绅商，有钱，爱国，后为同盟会成员。

李同英——爱国青年。

河生他爹、娘。

王商人、丁商人。

同学甲、乙。

众百姓、众孩童。

一场

〔光绪二十一年,夏季。

〔鲁北,黄河决堤口受灾区。

〔连绵大雨使黄河水位暴涨,滔滔江水混杂泥沙,不断冲刷河岸,最终冲毁河堤。

河生他娘 哎哟!我的鸡呀!我的猪哇!都叫水淹了!

河生他爹 (抱着襁褓中的河生)孩子他娘,别管那些牲畜了!河生才下生没几天,快带着孩子跑吧!

〔光灭。

〔幕后音:(孩童拍手唱童谣)河水涨上天,泥沙迷人眼,万丈狂澜冲上岸,人作鸟兽散。

〔光起。

〔山东巡抚衙门内。

李秉衡 (坐在主位,手握文书,焦急)如今黄河决口,冲毁房屋,淹没农田,百姓深受其苦,无家可归。陈师爷,这该如何是好?

陈师爷 (做苦思状,后豁然开朗)大人,我心中有一人选,乃潍县郭恩敷。此人自幼受良好教育,博览群书,又懂变通,且心怀天下苍生,定有良策以解大人之忧。

李秉衡 (坐直身体,大喜过望)当真如此?你且带人,速去潍县替我请郭先生,以表诚心。

陈师爷 (拱手)是!

〔光灭。

二场

〔光起。

〔潍县郭宅。

郭恩敷 大人远道而来,鄙人有失远迎,还望见谅。不知您此番来,所为何事?

陈师爷 先生言重。我等受巡抚大人之托,恳请郭先生参与治理黄河。这是巡抚大人的亲笔书信,先生一看便知。

郭恩敷 (接过书信,长叹一口气)巡抚大人如此信任于我,鄙人不胜惶恐。天色不早了,大人不如先在寒舍稍做歇息。兹事重大,明日鄙人再作答复。不知大人意下如何?

陈师爷 既如此,便有劳先生了。

〔陈师爷下。

〔送走陈师爷后,郭恩敷就寝,进入梦乡中的孩提时代。

〔主舞台郭宅光灭。

〔光起,转至舞台后方二十年前的郭家书房。

〔幼时郭恩敷正随老师宋书升温习、读书。

宋书升 为天地立心,为生民立命,为往圣继绝学,为万世开太平。这话是说,儒者应当为天地确立起生生之心,为百姓指明一条大道,继承孔孟等以往圣人不传的学问,以此为天下后世开辟永久太平的基业。

幼时郭恩敷 (摇头晃脑地跟读)为天地立心,为生民立命,为往圣继绝学,为万世开太平……但是先生,到底如何才能真正做到心怀天下呢?

宋书升　（沉吟片刻,意味深长）当是博览群书,心怀百姓,而又能格物致知,知行合一吧。

幼时郭恩敷　（懵懂点头）哦……知行合一……

宋书升　好了恩敷,今日便到此吧。

幼时郭恩敷　（鞠躬）先生慢走。

〔宋书升下。

〔郭母上。

幼时郭恩敷　娘！今日先生带我学张载的"为天地立心,为生民立命,为往圣继绝学,为万世开太平",但我还是有些不明白,恳请母亲教我——人生在世,不过尔尔,相比于家国,个人自身的力量,犹如蜉蝣撼树,微不足道,又怎能改变国家的命运呢？

郭　母　（微笑）儿啊,只要胸怀大志,心有苍生,即使是蜉蝣,也能有撼树之力。再者,"众人拾柴火焰高",众人力量汇集一处,才能把事做好,让百姓过上好日子。我儿也要快快长大,用心做事,方可获得真知啊。

幼时郭恩敷　（认真地点点头）谢谢娘！我明白了！

〔舞台后方郭家书房光灭。

〔郭恩敷梦醒。鸡鸣。

〔主舞台郭宅光起。

郭恩敷　（坚定地）我郭氏一族乃书香门第,簪缨世家,家中长辈与恩师自幼对我抱以厚望,这么多年的学习就是为了今日能学以致用,帮助更多人！大丈夫应以天下为己任,乐人之所乐,忧人之所忧。"黄河西来决昆仑,咆哮万里触龙门。"如今百姓受难,我又怎能视之无睹,闻之不顾？既巡抚大人有托于我，治理黄河水灾之事，理应责无旁贷！

陈师爷　郭先生出手相助，真是我百姓之大幸。但这黄河决口，又应如何解决呢？

郭恩敷　（严肃地）黄河决堤，乃连年降雨不断，上游汇水过多之故。解决之法，则应以测量疏浚下游河道，加固河堤为先，并重绘黄河北段地图，统筹规划治理黄河。鄙人幼年时曾受恩师教诲，在数学与天文学上有些研究，也曾著书几本。

陈师爷　我早闻先生精通天元算数之学，所著《经世算书》《中西算学》等书，是潍县众多学堂的教材。今日，先生毕生所学，可算派上用场了！

郭恩敷　（拱手）正是如此，劳烦大人替鄙人回复巡抚大人，鄙人必当竭尽全力，不负巡抚大人之望！大人且待我整理行装，便可一同出发。

陈师爷　多谢先生！

〔光灭。

〔光起。

〔潍县郭宅。

〔郭恩敷勘测黄河尾闾归来，邻家世交的女儿谭梦笙跑了出来。

谭梦笙　（天真，做鬼脸）郭叔叔，你又玩泥巴去啦？多么大的人了，天天出去玩泥，芊芊都不玩了呢！

郭恩敷　（满身黄泥，哈哈大笑）芊芊，叔叔可不是去玩泥巴！知道"大禹治水"的故事吗？叔叔是去挡住黄河的大水，让大家能好好过日子！

谭梦笙　（眨眨眼，奶声奶气）这个我知道，娘总说叔叔是我们的大恩人！芊芊也要像叔叔一样，长大做个"大恩人"！

郭恩敷　（面带微笑）好，芊芊快快长大，叔叔等着那一天呢。

三场

〔1898年。

〔郭宅外大树枝叶绿了又黄,黄了又绿,最终落满积雪。

〔潍阳书院的屋顶堆满雪,门前因无人踏足,也堆了厚厚的一层。寒风呼啸而过,路人们裹紧衣服,步履匆匆,从门前走过。

王商人 (瞥一眼书院,自言自语)朝廷风雨飘摇,书院也命不久矣。可惜喽!

丁商人 唉,不是说书院要重建吗?

王商人 重建?就眼下这时局,哪里来钱重建?重建了又能怎样呢?

丁商人 这倒也是……

〔王商人、丁商人下。

〔郭恩敷与刘金第上。

郭恩敷 您就再考虑考虑吧!国之兴在教育啊!眼下列强来犯……

刘金第 (打断)为何要为积弱将亡之国出力?这笔买卖,依刘某人之见,可是没有分毫利润的啊。这书院就是重新翻修,又能有多少学生肯来呢?

郭恩敷 (急切)刘兄此言差矣!教育之目的,在于启迪民智。谁不渴望太平盛世?朝廷有朝一日会倒,但思想进步的青年会努力建立更加强盛的国家!

刘金第 罢了罢了,这钱我拿在手里,时间久了也会白白蒙尘。就依你,拿来修建学院,也算是我刘某人为国事尽一份心意了。随我去取便是。

〔刘金第与郭恩敷同走,来到刘家内。

〔背景切换,家内装饰繁多,珠宝珍器摆满各个角落。

刘金第 (拿起钱袋,打开看看,又系起来,塞到郭恩敷手上)恩敷,这是我的一份绵薄之力,你且拿着。书院毕竟也是我们的孩子学习的地方,希望这些钱能多为国家培养些知识青年,国家强盛了,我刘某人的生意也好做些。若是再遇上什么困难,便于我说,我定尽力而为!

郭恩敷 (握住钱袋,激动地)谢谢,太谢谢您了!有了您这样的仁人志士,中国的光明未来就指日可待了!

〔郭恩敷走出刘宅,来到街上。

〔背景音:街上熙熙攘攘,喧闹声。李同英恰巧在街上(舞台上)。两人互相对视,相互走近。

李同英 哟,是恩敷,好久不见,最近怎么样?

郭恩敷 日本人的铁蹄早已踏入城内多时,我心中慷慨,彻夜难眠。如今的清王朝可谓连根腐烂,文臣贪财,武将怕死,朝廷只会卖国求荣。国家危亡,我得干点儿真正救国救民的事情。

李同英 几个月不见,你还是那么固执。要我说啊,现在就应该放手挥霍,及时行乐。大碗喝酒,大块吃肉,总比把钱雪藏箱底,最后叫人抢去好许多。朝廷都靠不住了,难不成你还能以一己之力回天?你搞的那套新学,推行起来,怕是很难!(摆手)

郭恩敷 此言差矣!非讲学无以明理,非合群无以图强,欲合群先养民德,欲养民德,先开民智!十年树木,百年树人,没有钱可以想办法,但复兴书院,推广新学,刻不容缓!我决不能放弃!

〔几个路人听到"新学"二字,纷纷围上前来听。

李同英 戊戌变法才刚刚消停,这会儿推广新学,怕是不妥啊。

王商人 (嘲讽)是啊,我可是目睹了他们怎么处置那些"维新"的人!那大刀一挥,咔嚓——人首顿时分离,血从颅腔里蹿起一丈多,可骇人啦!

丁商人 (附和)我看,还是老老实实经营自己的小日子吧,解救中国,那是英雄干的事儿，咱们普通老百姓，谁有那本事呢！

郭恩敷 （急切）几位兄弟，话不能这么讲。民族存亡与你我休戚相关。顾炎武先生说过"天下兴亡，匹夫有责！"戊戌变法虽然失败，但政府推行新学的政令不曾改变，这正是推广新学的最佳时机啊！正如严几道先生所说，"鼓民力，开民智，新民德"。新式教育一定要推广，中国人一定要彻底改造。

〔越来越多人围上前。

李同英 改造中国人？

郭恩敷 愚、弱、贫、散、私，乃民族之病。国人积弱至此，列强才敢肆意欺辱我们。要救中国，就必须唤醒国人僵死麻木的心灵，强健国人的体魄，更新国人的思想，丰富国人的学识。而这一切，都必须从小孩子抓起。"三岁看大，七岁看老"，只有这样才能培养出无数救国救民的人才。

李同英 那你打算怎么办？

郭恩敷 我近些日子正在四处筹钱，希望能早些修复学堂，让我们的孩子都能坐在课桌前接受先进的教育，而不是被洋人笑话！（环视四周的人，声音抬高）诸位，今日郭某有一事相求，望各位鼎力相助，共筹我潍县教育之资金，让我们的孩子成学成才，让咱们中国人不再是"东亚病夫"！

〔众人面面相觑，李同英率先解开钱袋掏钱。

李同英 （把银子塞到郭恩敷手中，另一只手又附上去，重重地握了握）这些钱你拿着，我没读过书，见识少，但我相信您是个有主意的人。我愿意尽我之力，让我们的孩子有个挡风遮雨的地方念书。

〔众人见状，纷纷掏腰包慷慨解囊，越来越多的钱被塞到郭恩敷手中。也有几人仍然不屑，骂骂咧咧地走开了。

郭恩敷 （向捐钱的各位）诸位慷慨解囊，真是侠义！今日之事，郭

某在此谢过大家了！（向四方拱手）

〔光灭。

四场

〔光起。

〔郭恩敷站在新建成的潍阳书院门口，抬头看着书院崭新的匾额。

郭恩敷　三更灯火不曾收，玉脍金齑满市楼。云外青歌花外笛，潍州原是小苏州。

〔郭恩敷走入书院。

〔书院内摆着课桌和长凳。前面是一个讲台。

郭恩敷　（站上讲台，慢慢地）请诸位打开算术课本第三页。今日我们所学《九章算术》之方田，也就是西方所说的几何……

同学甲　先生，现在洋人为非作歹，国家难安，民族患忧！我们为何还要在此学这些不可救国之物？

郭恩敷　（停顿了一会，看着同学甲，继而昂扬地）诸位，中国积弱，在今天已经到了不可收拾的地步。堂堂华夏为列强所不容，为异族所不齿。我希望诸位能够有宽广的心胸和宏伟的格局，饱学知识，而付诸行动，拯救这片我们生于斯、长于斯的土地。

同学乙　先生，现如今多省沦陷，哀鸿遍野，民族富强的希望该从何处寻找？

郭恩敷　在座诸位便是民族的希望！年轻人意气风发，如果你们都做不到，谁又能做到？永远不要放弃自己的希望，一旦失去希望，你即使苟且偷生，也是行尸走肉。我希望你们可以勇敢、睿智，心怀百姓与国家。你们今天的行动，就是中国美好未来的先声！这堂课就先上到这里。虽然知识讲授不多，但一定要牢记学习的目的与使命！

〔众学生下，郭恩敷下。郭恩敷心事重重，从书院走出。突然身后传来稚嫩的女声。

谭梦笙　（欢快地跑过来，清脆地喊）郭叔叔——

郭恩敷　（转过身，微笑着）芊芊，你怎么来了？

谭梦笙　（仰头，好奇，天真）叔叔又在讲书吗？我跟娘说，我也想上学堂，她却说那不合规矩，还说女孩子只能在家请先生。可是哥哥和我都是一个娘生的呀，为什么我不能出门？爹的屋里有那么多书，他们也只让哥哥翻。

郭恩敷　（微微叹气）你娘在你这么大的时候也没念过书，所以她不愿你太早出去。等你长到哥哥那么大的时候，叔叔就教你念书，好不好？

谭梦笙　（点点头）好啊，那我长大后就去找叔叔。一言为定，拉钩钩，不许反悔哦。

郭恩敷　（笑了笑）芊芊有了想学的知识，想问的事情，可以随时来找叔叔。不过，若要让你娘知道，恐怕又要受责备了。

谭梦笙　（倾身趴在郭恩敷先生耳边，样子神秘）我知道，这是我们的秘密！

〔郭恩敷摸摸谭梦笙的头，心里五味杂陈。

谭梦笙　（欢乐）谢谢叔叔！时候不早了，我先回家啦！（挥手，跑下）

郭恩敷　（挥挥手，下）

第二幕　办学社群策群力　入同盟革命革新

人物介绍

郭恩敷——智群学社创始人之一，40岁左右。

于　赢——郭恩敷好友,思想进步,岁数与恩敷相仿,智群学社创始人之一。

丁叔言——潍县名流,智群学社成员。

刘金第——智群学社创始人之一。

马　良——潍县新军标统,利己主义者。

军警长。

士兵甲、乙。

一场

〔1901年,阴历七月。

〔小车站的军警们脸上冒着汗,正姿立在阳光下。趁着长官不在,贴得近的士兵便抓紧机会,窃窃私语起来。

士兵甲　(低声)喂,我今日听说两件大事,你想不想听?

士兵乙　卖什么关子,快说来听听!

士兵甲　(神秘地)朝廷与洋人签合约了!

士兵乙　真的?那岂不是不用再打仗了?

士兵甲　是啊,不过,听说那八国所立条约,十分苛刻。你猜朝廷要赔多少白银?四亿五千万两!连本带息,那便是九亿多两啊!洋人还要在山海关驻扎,还要在京城设使馆界,我看啊,这大清的天下,从此一半便归洋人了!

士兵乙　(愤恨地)这洋鬼子欺我大清无坚船利炮,得寸进尺,着实可恨!

士兵甲　此话以后可要少说,若教洋人巡捕听到了,保准让你吃不了兜着走!

士兵乙 那还有一件事呢?

士兵甲 据说今日,郭大人要回来了!

士兵乙 郭大人?可是当年那测河道的郭大人吗?他去哪了?

士兵甲 除了他还有谁?郭先生是因上次治水有功,被召到北京等候授选去了。我还听上头的人说,郭先生此去志不在仕途,而在从显贵富商那里筹钱,在潍县兴办什么小学堂。

士兵乙 小学堂?我记得郭大人不是潍阳书院的讲师吗?

士兵甲 哎呀!你怎么这么多问题!许是他们这些搞教育的,就喜欢多些学校吧!

〔远处传来隆隆的火车声,军警长从远处跑来,指挥众人为火车到站做准备。两人的对话暂告中止。

〔机车驶入了车站,稳稳地停下。车门打开,走下一个人。那人穿一身素净的马褂,脸上戴一副细脚金边眼镜,颇有些新派的风度。

〔士兵们居于舞台一侧,郭恩敷从另一侧上。

军警长 (毕敬)郭先生,车子早已为您准备好了。

郭恩敷 好,辛苦你们了。

〔两人下。

士兵乙 方才那便是郭恩敷先生吗?

士兵甲 肯定是他!

士兵乙 嚄,他看起来可真气派!

士兵甲 传闻这位郭先生是个地道的新派,洋人入了京,他怎么反而跑回来了呢?

士兵乙 这些人想法高明,咱们可想不明白。快站好吧。

〔郭恩敷回到家中,正在收拾行李。眼见这屋中虽无甚雕饰,却亦不失素净古雅之感。堂中摆一张方正的铁梨木桌,桌上铺陈文房四宝。桌后墙上有一副对联。其联为"铁肩担道义,妙手著文章"句,横批"济世救民"。桌下摆一盆玉兰,用黑陶盆盛装,方才刚被修剪浇灌,翠绿欲滴。

〔门外响起敲门声,郭恩敷忙去迎客。

郭恩敷 请进!

〔于赢入屋。

郭恩敷 原来是于先生,失敬失敬,快请进!

于 赢 恩敷,听闻你赴京待选,怎么这么快又回来了?

郭恩敷 于先生有所不知啊。(叹气)朝廷又与洋人签合约了。数年前甲午海战,一道马关条约,朝廷赔给日本白银两亿两,恩敷每每想到此事,都心如刀绞。哪料这新条约之苛刻,更甚当年的马关条约,九亿多两白银,不是以我海关税作抵押,便是以我百姓之血汗偿还啊!

于 赢 (叹息)谁说不是呢,果真印证了那句诗,"兴,百姓苦;亡,百姓苦"啊……

郭恩敷 (感叹)山海关里,北京城中,洋人的官员和军队耀武扬威,比大清的官员们更神气十足!当年李中堂兴办洋务,打造出来的铁甲舰队叫日本人一役歼灭;康有为算是有明见的,说服皇上仿效泰西制度,结果弄了不过百日,西太后便把新法尽数废除。八国联军一至,朝廷只还是吃败仗。可怜我典章之国、礼仪之邦,今乃如砧上鱼肉,供外人刀俎宰割!

于 赢 恩敷有此思,我又何尝不伤心呢?唉,天之苍苍,曷其有极?这世上安有可行之法,救我华夏万民于水火之中?

郭恩敷 恩敷这次归乡,正是为了探索救国救民的法子。李大人变器物行不通,康梁二人变法度亦行不通。我看,归根结底,皆因我国民思想麻木,蒙昧不化。欲救亡图存,就必须从思想抓起,从教育抓起!

于　赢　恩敷，你是说……

郭恩敷　（点头）不错，我这次去京师，正是为了给办学堂、建学社筹钱，借办学社之机向民众传播新思想，开化民智，以此振兴华夏！

于　赢　说得好，我也正有此意！他日办学若有需要我帮助的地方，只管与我说便是。

郭恩敷　好！那学堂之事先由我承办，也烦请于先生联系地方开明人士。此后之事，我们再做打算。

二场

〔两年后。

〔增福堂街上，一位儒士走在最前，郭恩敷、于赢两人背手踱步，紧随其后。

于　赢　不愧是刘先生！这王宝雅堂房屋宽敞，地段幽雅，确实是读书论道的好地方。

刘金第　我不过是出钱，选地段，哪有什么功劳可言！于先生过赞了！

郭恩敷　刘先生不必过谦。此次倘没有刘先生鼎力相助，筹钱募资，我二人恐怕是无法建成这智群学社。

刘金第　那也是托了郭先生洪福。郭先生在潍阳执教，培养的高徒不计其数，使我潍县去年得添十位举人。以郭先生之逸才懿德，某得结交，方是荣幸啊！

于　赢　城中的杜佐宸杜先生，也为我们募钱做了很大贡献。恩敷，我看，不如我等改日登门前去拜谢，如何？

郭恩敷　好，今日先办正事。

〔三人踱步走进堂中。

丁叔言 三位，你们可算到了。这大堂我们已差人收拾好，自此以后，这里便是我们智群学社的会址！

郭恩敷 先生辛苦了。

丁叔言 各位先生请坐！

〔众人坐定。

郭恩敷 今天是我们智群学社成立的日子。回想我中华近几十年来之历史，但凡有一丝血性者，便不能不为之义愤填膺。这几十年来，土地也割了，银子也赔了，口岸也开了，中国如迅飙中的一缕孤烟，不能再多承受一点风力。几十年过去了，救国救民的道路依然坎坷难寻。在此危急之秋，在座的诸位能够挺身而出，为传扬救国新思想尽心竭力，恩敷感佩之至。

丁叔言 丁某自打与郭先生交游，过往许多成见与误解，顿时豁然开朗。中国之封建思想自先秦始，经历朝历代不断深化，于我民思想荼毒之广、钳制之深，非某等只言片语所能根除。

郭恩敷 （赞同地）这也是我所忧心的。改变民众的思想，让他们从心底愿去抗争这不公的一切，也是我多年来一直努力的啊。

丁叔言 郭先生当年曾在写与我的信中提到，"非讲学无以成理，非合群无以图强，欲合群先养民德，欲养民德先开民智"，某深以为同。据我观之，先生办书院、兴学社，受益不过学生与某等几人罢了。我看，不如再添一智群小学堂，以向民众做思想启蒙，如何？

郭恩敷 郭某正有此意！我当年创办的官立高等小学堂，现在各类设施算是完善，办学也有充足的经验了。我相信再办一所智群小学堂，以我们几人之合力，定能大放异彩！诸公意下如何？

〔众人拊掌称是。

郭恩敷　好，那小学堂就由我们几个轮流执教。今日是我学社创办之日，诸位便请先干了这杯酒，以庆建社！

众　人　干！

三场

〔辛亥年。武昌的枪声惊破大清国的迷梦，神州大地随处可见飘扬的五色旗，南方已有数省独立。

〔郭恩敷、于赢二人刚讲完课，正坐在堂中休息。

郭恩敷　唉，于先生，我二人加入同盟会已六年，尚未能给组织做出多少贡献。想我二人堂堂七尺之身，不能横刀策马，驱除鞑虏，实在是生平一大憾事。

〔丁叔言忽自堂外走入。

丁叔言　郭先生、于先生、你们看今早的报纸了吗？了不得，了不得啊！昨日，革命党人在武昌发动起义，推翻了当地政府，随后，南方有数省宣布独立。这满洲人的江山，怕是坐不稳了！

郭恩敷、于赢　（站起身来）真有此事？

丁叔言　丁某安能欺骗先生？

郭恩敷　天下就要变了。我看，中国两千年封建制度之瓦解，不在明日，就在今朝！丁先生，那南方诸省，都是如何独立的？

丁叔言　南方各省的革命党人联系了当地的开明士绅与新军将领，方有足够的底气来倒逼官府。如此做，虽使得不少清廷旧官僚进入新政府任职，却也减少了流血。依某看，这倒是不错的主意。

郭恩敷　是啊，我们文人儒士之流，又如何能推翻清廷，唯有手里有枪杆大刀，方能成功革命！驻潍新军标统马良，训练新军，精通洋务，想来有合作的可能。我等这就去他府上，向他陈述驱除鞑虏、振兴中华之理，可否？

丁叔言、于赢　正有此意！

〔三人奔往马良府上。

马　良　（笑脸相迎）这不是恩敷先生吗，不知良有何德何能，竟能让郭先生亲自下访寒舍？

郭恩敷　不知马标统可否看了今日的报纸？

马　良　郭先生指的可是南方寇乱之事？

郭恩敷　马标统此言差矣。南方各省起义之人，乃是反清的义士、民主的先锋，何来寇乱之说？

马　良　（笑）先生此言谬矣。我大清国祚二百余载，长毛也闹过，洋人也闹过，或一时有衰颓之危，然而终究天命在此。敢反对大清，那不是寇乱是什么？

郭恩敷　（与于、丁二人对视一眼）马标统，你是明白人，何必装疯卖傻，假痴作癫？清政府腐朽专制，你是新军统帅，常常接触洋务，不至于不晓得此等道理。清入关二百余载，鱼肉我华夏之民，改我服装，杀我士族，我等皆为汉人，岂有不反之理？

马　良　（干笑）说什么反不反的。我倒是觉得在如今的统治下，满汉二族亲得紧呢！

郭恩敷　（语速稍快）马标统！今日之世界，以民主平等为进步，以君主专制为落后，南方众人之义举，是为国家求进步。马标统何不审时度势，宣布潍县独立，他日民主制度在中国确立，同盟会定不会忘记马标统一番功劳！

马　良　（僵硬地笑）郭先生有此忧国忧民之思，马某一介武夫，也是极为佩服的。不过这民主制度，据马某看，还过于邈远，马某改日再与郭先生谈论此事吧。

  郭恩敷 （急切地）马标统，独立之事不在明朝，只在今日，此乃千载难逢之机……

  马　良 （勃然色变）够了！郭先生，我看你就是书读多了，方才如此昏聩。真当我马良那么好骗吗？你叫我宣告独立，不就是为了你那同盟会夺位成功？到时孙文做大总统，君临天下，你是孙文党羽，封作大员，我马良纵然能从中得些好处，捞个一官半职，不日便叫你们这些同盟会旧部三言两语，排挤下去。如此观之，宣布独立对我有什么好处！

  郭恩敷 （皱眉）马标统此言大谬！我们同盟会起兵，是为驱除满虏，一匡华夏，哪是为了个人的荣华富贵！不为一家一姓之兴替，乃为九州生灵之生路！

  马　良 （突然冷笑）好啊，依郭先生意思，马某捞不到一点油水，还要为你同盟会卖命？既如此，我与郭先生也没有什么好说的了。来人，将此三人赶出去！

  〔卫士出场，将三人拽出马府。

  丁叔言 （愤愤地）这个马良，真是油盐不进！听听他说的什么话？国家兴亡在即，他却只知道个人利益！难道这全中国的人民抵不上他的官位吗？

  于　赢 就是！还以为他是什么开明的人物，哪想到竟是虚伪的小人！这趟真是来错了，来错了啊！

  郭恩敷 二位兄长莫气，要我说，来这一趟还是有所收获的。

  丁叔言 恩敷此话怎讲？今日我们三人可是被扫地出门！我丁叔言何时受过这样的屈辱？

郭恩敷 唉，这困难总是存在的。想我当年办学的时候，求遍各处，虽说支持的人居多，但也有如马良这种完全不通情达理、只顾一己私利的。可我这学校事业不还是风生水起？

于　嬴 恩敷，你受的苦，我是知道的。可我真是咽不下今日这口气！

郭恩敷 （往下场的方向走去，停在半路）两位兄长，这办学和救国其实是一样的。试想各位前辈，五十年前就欲报国，直到现在才有一点曙光。无论什么事业，都是"筚路蓝缕，以启山林"啊。

〔丁叔言、于嬴对视一眼，跟上郭恩敷。

郭恩敷 如今不同的是，我们终于看到了希望。孙文先生心怀大义，不管像马良这样的人还有多少，我相信我们的救国事业都会一直走下去，并且取得成功。

丁叔言 恩敷果真有大胸怀啊。

郭恩敷 只是我心中总有一份信念罢了。

〔三人继续向台下走。郭恩敷声渐隐。

郭恩敷 我只不过……是一直相信，国家的未来，是光明的……

第三幕　小学堂始龀广汲文理　遍潍县师生勾勒山河

人物介绍

郭恩敷——潍阳书院讲师、官立高等小学堂堂长。

陈传弼——男，《潍县乡土志》主编纂、官立高等小学堂坐办。

张昭潜——男，字次陶，70岁，曾任潍阳书院主讲。

院　长——男，潍阳书院院长。

谭梦笙——女，小名芊芊，13岁左右，官立高等小学堂学生。

丁叔言——男，智群学社成员，官立高等小学堂讲师。

张永和——男，字兰修，10 岁左右，官立高等小学堂学生。

钱商人——40 岁左右，西关一带房屋所有者。

王商人、丁商人。

报　童。

学生甲、乙。

众学生。

一场

〔光起，舞台一角。

〔郭恩敷拿着报纸坐在办公桌前，目光专注。

郭恩敷　（声音由低到高）少年智则国智，少年富则国富……纵有千古，横有八荒……中国少年，与国无疆……（激动地）好，好一个"与国无疆"！

〔郭恩敷站起，眼神发亮。

郭恩敷　（昂扬地）对，少年，少年是我们的希望！（坚定地）现在的书院还不够，还不够！小学资源太匮乏了。我们要建立一所小学，让孩子们从小就接受先进教育！

〔光转，舞台另一角。

〔张昭潜手执一信，十分专注。

张昭潜　（念信）张老先生敬启："余读任公所作《少年中国说》而深有思。愚所见者，书院虽善，然所教授之子皆十余岁，童子之教实阙之。次陶先生，书院之功臣，德高望重者也。故欲请君与愚同行，假书院存款以建小学堂。恩敷再拜。"（深叹一口气）这个郭恩敷，还真是敢想敢做也罢,他说得有理,就帮他一把吧。

〔光转,主舞台。

郭恩敷 (诚恳地)院长,请您一定要慎重考虑我的意见。现在书院已经办得很好了,我们也有多余的资金,为何不拿出来建一所小学呢?

院　长 恩敷啊,我前几日收到张老先生的来信,他是书院的老人了,你们两个都是书院的梁柱,做的又是于民有益的事情,我一定会支持的。

郭恩敷 院长,我很感谢您的支持。可是我计算过了,建小学的资金至少也要七千千吊钱,可是您……(面露难色)却只拨款了三千千吊啊……

院　长 (不悦)恩敷,你也是潍阳书院的教员。咱们潍阳书院发展越来越好,是需要这些钱来扩办的呀。

郭恩敷 院长,书院现在的校舍完全够用,就算再拿出一些存款来,也不妨碍书院目前的运作啊。

院　长 (深沉地)恩敷,书院是靠你们这些讲师发展起来的,更是我一点点看着它长大的啊。你说得的确在理,可是你要知道,我要的不是书院保持目前的运行,而是把它做大啊……

郭恩敷 (略着急)院长,书院要发展,不在于它有几间校舍教室,而在于学生的优劣啊!学生的素质一旦提高,生源随之扩大,还愁没有更多的资金吗?不是说现在的学生不够优秀,但是我潍县的小学教育确实薄弱。小学堂一旦办起来,给书院输送更多优秀人才,难道不是更有利于书院长期的发展吗?

〔陈传弼上。

陈传弼 恩敷说得对,院长。

〔院长惊讶地站起来。

院　长 陈……陈先生?

陈传弼　院长，我也在这向您说情了。要知道，拿钱来扩建潍阳书院，那是锦上添花，固然很好；但拿来建小学堂，可就是雪中送炭了。

院　　长　（有所松动）这……这……（叹气）恩敷，没想到你不仅请到张老来为你说情，还请到了陈传弼先生。这叫我如何拒绝你呢！

陈传弼　唉，院长，你这句话就说错了，应该是我有求于恩敷才是啊。

院　　长　（疑惑地）此话怎讲？

郭恩敷　陈先生言之太重！不能说什么"有求于"，我只是尽力而为罢了。

陈传弼　是这样，我请郭恩敷先生做《潍县乡土志》地理部分的分纂。看过了恩敷所绘制的黄河地图，我当时就觉得这地理部分的编纂，非他不可了。哈哈！他当时说，如果我能够担任这小学堂的坐办，就应了我编纂地图一事。可我要担任这坐办一职，不是要先有个小学堂嘛。这不就找到您这来了。

院　　长　（笑）恩敷你还真是安排详尽了，果真是不打无准备之仗啊。罢了，罢了，就由你去吧。不过，按你所说，你这小学堂的优秀学生，须得先引荐给书院才行啊。

郭恩敷　（松了一口气）那当然，"君子一言，驷马难追"。多谢院长。

〔光灭。

二场

〔光起，郭恩敷与钱商人谈判西关房屋收购一事。

郭恩敷　（着急）不行，不行，四千四百千吊！这一排屋舍，我就出四千四百千吊！

钱商人　（胸有成竹地）郭先生，这可就是您的不是了。四千五百千吊，这已经是我给您的最低价格了。这还是看在您的面子上，给您的优惠，别人可都给不到这个价。您看看，我这西关的屋子都是本地头一档的楼舍。您要是让学生在这上课，风吹雨打都不怕。小学生皮娇肉嫩的，可受不起什么苦！

郭恩敷 （深吸一口气，隐忍地）是，你说得对。可是我的预算的确有限，剩下的钱还要为学生购置学习用品和招聘教员，真的很紧张。四千四百千吊，不能再多了。

钱商人 （打一个哈欠）唉，郭先生，您要是拿不出我想要的价格，这房子我可就卖给别人了。我早就说过了，这可是一片好地，有的是人争着抢着要呢！（起身欲走）

郭恩敷 （坚决地）先生留步！

〔钱商人止步，站在原地。

郭恩敷 （悲愤地）是，你有你的底线，可是你睁开眼睛看看这国家！国弊民穷，清廷被外敌打压得抬不起头！你是一个有血有肉的中国人，国家富强，难道和你毫不相关吗？任公去年发的那篇《少年中国说》，谁人读之不热血沸腾！少年强则国强啊……（声音哽咽）西关这片地，是极好的，我相信在这里会有一批优秀的国家栋梁诞生。你为了利益锱铢必较、坚持原价，这无可厚非；而我会为了学生，为了潍县教育，为了中国之未来，最终答应你的条件，把这一百千吊钱交给你。但，教育事业发展不易，手头资金拮据，还是希望您能行行好，四千四百千吊钱成交，好吧？

钱商人 （触动）这……哎呀，您这……行，就依您还不行嘛，也算我钱某人为教育做了一些贡献吧……不过，郭先生，现在的时局，又有谁能看清楚呢？您就不怕一腔热血最后落到个一无所有的境地？

郭恩敷 失不失败，我是无法决定的，但是我能做的，就是做好我能做到的事情啊……正如王介甫先生所说"尽吾志也而不能至者，可以无悔矣"。

钱商人 （作揖）先生此等风骨，在下难以望您之项背。

〔光灭。

〔背景音：绅商讨论声。

钱商人 唉，你们遇到郭恩敷了吗？他可真是天天登门拜访，说要建什么小学堂。

王商人 可不是，没见过比他更执着的了。教育，教育，天天就是教育。为了教育，他就这样坚持了一辈子！

丁商人 我倒觉得，他说得有道理。钱在咱们这就只是钱，是吃喝玩乐。但是到了他那儿，可能还真不一样……说起来，你们捐了吗？

王、钱商人 捐了……

王商人 唉，郭恩敷的教育水平，我是信得过的。他这小学堂若是办得好，我是想让我自家的孩子去念书的。

钱、丁商人 谁说不是呢……

三场

〔1903年，官立高等小学堂正式竣工。郭恩敷任堂长。

〔光起，舞台一角。

报　童 （吆喝）瞧一瞧，看一看了啊！官立高等小学堂开始招生！学生全部免学费！

众　人 真的？还有这种好事？给我一份，给我一份！

〔光灭。

〔主舞台光起。

〔谭梦笙满面春光，脚步轻快地上场。

谭梦笙　（看到郭恩敷，欢快地打招呼）郭叔叔！

郭恩敷　（慈爱地弯腰）芊芊也来上学呀。

谭梦笙　（用力点头后仰头）嗯！我求了我娘好久呢！（快乐地笑）多亏了郭叔叔您！她最信得过您，最后她可算同意啦，我终于能上学堂啦！

郭恩敷　（摸头）这样呀，好了，快去教室吧。

谭梦笙　嗯！叔叔再见！（摆手，脚步轻快地向教室走去）

〔郭恩敷下。

〔谭梦笙进入教室坐好。

丁叔言　欢迎各位来到官立高等小学堂。我校的办学宗旨，就是"培养国民之善性，扩充国民之知识，强壮国民之气体；以童年皆知做人之理，皆有谋生之计虑为成效"。也许你们现在不能很好地体会，但相信不久之后，你们一定会深入了解这句话。现在，我们需要一位班级的负责人，请问哪位同学想尝试一下？

〔谭梦笙率先举起了手，略紧张地看向老师。她之后陆续有两三个学生举手。

丁叔言　好，这位率先举手的女同学，就先由你担任临时的班级负责人。来，介绍一下自己，然后帮老师发下课程时间表，一人一份。

〔谭梦笙走上讲台，有礼貌地冲老师笑了笑，转身面向同学。

谭梦笙　（微笑）大家好，我是谭梦笙。梦想的梦，笙歌的笙。请多多指教！（鞠躬，稍腼腆地笑）

〔掌声短暂地响起。响尽后，谭梦笙兴奋但神情认真地接过课程表，发放给同学们，同学们有礼貌地接过。

丁叔言　（笑笑）好，大家现在都拿到了，对学校的安排大家有什么问题吗？

学生甲 老师,我们一天怎么要上这么长时间的国文啊?还有什么《四书》《诗经》……

丁叔言 (身体微微前倾,双手按压在讲桌上)同学们,我们的课程前面都是有标注的。这《四书》一课,讲的便是"修身"的主要内容。古时候,学者们都讲究"修身齐家治国平天下",修养自身品性是你们实现人生价值的第一步。再有,希望每个同学都能够认识到,中华文化是厚重而富有底蕴的,学校将国文的比重提高,也是为了让大家对我们民族的优秀文化有更深了解。

谭梦笙 (举手)老师,我们要学习好多课呀……有算术,有历史,还要读经书。(疑惑)我们真的能学过来吗?

丁叔言 大家放心,学校早就做好了规划,能够兼顾课程与休息,不会给你们增加过多负担的。

学生乙 (激动地)请问老师,时间表上这些地理课、图画课和体育课是真的有吗?

〔一阵友好的哄笑声。

丁叔言 (微笑)对,时间表上有的课程我们都会开设。学校主张让同学们全面发展,而且教师都是郭堂长专门聘请的各界学士。我相信你们都会乐在其中,并且获益匪浅。

〔学生开始低声议论,声音激动。

丁叔言 (敲敲黑板)好了,保持安静。现在我们来上第一节课。大家手里都有刚发的课本。请各位翻到第三页,"有关《四书》的有益风化之诗歌"……(声音渐隐)

〔光灭。

〔光起,舞台一角。

陈传弼　恩敷,你这小学也建起来了,我这坐办也当上了。答应我的地图编纂,你什么时候开始啊?

郭恩敷　陈兄,我这些天就一直在想这件事。你看,这样如何……(耳边低语)

陈传弼　(惊讶)这?不可行吧……你的意思是,让这小学堂的学生同你一起完成地图的编纂?我是信任你的能力呀,但是一群小学生,他们能做什么?

郭恩敷　(自信地)陈兄,这你就想错了。我依然全程负责,但是我要带着我的学生,这不仅能加快编纂速度,而且对学生的全面发展也大有裨益。你既然相信我,就应该相信我能做好这件事。

陈传弼　是,恩敷,你去做吧。但是最后的定稿,我是要严格审查的。

郭恩敷　好。放心吧。

四场

〔光起,主舞台。

〔郭恩敷站在操场前方,下面坐着学生。

郭恩敷　同学们,地理,最好的学习方式是走到自然中去。接下来的三个月,我要带一些同学走遍潍县的每一寸土地,然后绘出潍县地图。但你们须知,这不是游山玩水,而是要去吃苦的。当然,你们也会学到很多。有意向的同学请填写报名表,填写前要慎重考虑。希望大家踊跃报名。

〔学生激烈讨论,郭恩敷微笑着注视着孩子们。

〔光灭。

〔光起,郭恩敷带学生走在山间。

谭梦笙　(在四处认真观察,突然有发现似的,惊喜地呼叫)郭叔叔!

在这里！我找到了，白浪河的源头在这儿！

〔郭恩敷闻声而来，看着面前的泉水流出，欣慰地笑了。

郭恩敷 是，是这里。找到了河流的源头（低头在本子上记录）。大家过来看，这里就是白浪河的源头，是山泉水，很清澈，水流也细。但是到了下游，河流就会因为许多支流的注入变得坦荡，流速也变得缓慢。

张永和 （迫不及待地）老师老师，我知道！画在地图上的河流，上下游是不一样的，就是这个原因吧！

郭恩敷 （肯定地）对，你说得很对。在地图上，我们用粗细不同的线条来表示河流不同的部分。这源头呢，就要画得细一些……到了下游，就比较粗了……（一边说，一边在纸上演示）

谭梦笙 （认真、疑惑）郭叔叔，为什么这里的路又陡又难走，但下游的路就平坦还好走呀？

〔郭恩敷鼓励地看了谭梦笙一眼。

郭恩敷 是这样，河流在山上的时候地势陡峭，流速也就比较快，所以它的"力量"强大，会带着很多石块和沙土；但是到了山外，地势就变得比较平坦，河流的"力量"减小。它带着的石块和沙土慢慢沉积，经过几百万年的时光，河流的下游地区就会因为这些泥沙的不断沉积而变成好走的平原了。

众学生 （惊叹）几百万年！

郭恩敷 对，自然的变化是很慢很慢的。（放下手中的记录本和地图，看向学生们）不知道过了多久，也许是几百万，甚至是几千万年，才形成了我们现在所看到的样子。但是我们——人类，我们所存在的时间相比这山川，可谓"曾不能以一瞬"，但我们能对世界产生如许的影响。我们建起了高楼，造出了火药等自然中没有的东西。所以，同学们，要永远相信你们身上的力量,要像河流一样,积小流以成江海,波涛汹涌,滚滚向前。走吧,我们去下一个地方看看。

〔光灭。

〔旁白:后《潍县乡土志》编成,中有潍县及城厢地图一幅,上记"丁未冬月潍县官立高等小学堂学生测绘"。另有一幅潍县地图,上记"丁未秋季潍县官立高等小学堂学生测绘"。史书记载,自这时起,潍县才有了详尽的地图。

第四幕　县中成教学向深向好　女师建育人从远从宽

人物介绍

郭恩敷——潍县县立中学校长,约50岁。

刘国佐——潍县县立中学教务主任。

谭梦笙——潍县县立中学学生。

丁叔言——教师,同盟会成员,郭恩敷旧交。

小　英——谭梦笙同学,性格懦弱,家庭保守,但她对新潮事物有兴趣,渴望报国。

小　青——谭梦笙同学,性格活泼,家庭支持出国深造。

主　持——毕业典礼主持,由旁白兼任。

雇　工。

小　厮。

众学生。

一场

〔1913年。

〔潍县县立中学校门处。学校校门半掩,一侧挂着写有校名的牌匾。

〔一个雇工在清扫校门口周围卫生。郭恩敷从左上。

郭恩敷 (激动)啊!真是"千磨万击还坚劲",在这块土地上的奋斗史上,学校永远不会缺席!从潍阳书院,到师范传习所,又到官立高等小学堂,而今天,潍县县立中学即将迎来第一级学生。潍县的文脉虽波澜丛生,但绵延不断!

〔郭恩敷走到校门前,仔细端详写有校名的牌匾。

刘国佐 (幕后音)郭校长!

〔刘国佐从右上。

郭恩敷 刘主任!真是辛苦您了!

〔郭恩敷进入学校,掩门。

郭恩敷 县里事务繁忙,实在是不能早来查看学校情况,多亏了您前来查看!

刘国佐 (笑)郭校长不要客气。学校已经基本收拾好了,只要门前的卫生清理好,就"万事俱备,只欠学生"啦!哈哈!

郭恩敷 那真是太好了。我一看到这县立中学,就仿佛看到了潍县教育的无限希望。——不过,作为校长,我实在是害怕辜负了众人的期望啊。

刘国佐 唉,郭校长何出此言?您的德望与能力,是全县绅民普遍认可的。这可是县里第一所公办中学啊,多少名流士绅想坐上校长这个位置!这些人最后还不是在您面前黯然失色?推选的结果一出来,县太爷都高兴得合不拢嘴!县立中学一定会在您的领导下兴旺发达,培养出一批栋梁之才。您就放心好了!

郭恩敷　我必当身先士卒,为潍县教育事业尽智竭力!(拍刘国佐)刘主任,以后教务工作,还要您多操心了!

刘国佐　承蒙郭校长信任,刘某当不辱任命!

〔郭恩敷、刘国佐紧紧握手。

谭梦笙　(幕后音)郭叔叔!

郭恩敷　(转头)是芊芊啊!

〔谭梦笙从左上。郭恩敷开校门,谭梦笙入。

谭梦笙　(心怀敬畏,而略显活泼地说笑)原来您又来看新学校了,怎么不叫上我?您说过要带我来看看的,这转眼都开学了!

郭恩敷　(笑)有吗?看来我这两天一忙,有些事说忘就忘了!

谭梦笙　(转向刘国佐,尊敬地)您便是这县立中学的刘国佐先生吗?(向刘国佐微微颔首)刘先生您好!我是谭梦笙。

刘国佐　哎呀,谭小姐好!(微笑,转向郭恩敷)这就是老谭家的孩子吧!(转向谭梦笙)上过学吗?

谭梦笙　(点头)之前就在这儿原先的高等小学堂念过几年书呢。

刘国佐　(了然)那你也是才女啊!哈哈!

谭梦笙　(摆手,笑)刘先生说笑了,但是我真的很喜欢上学!总觉得能学到很多闻所未闻的东西!(转向郭恩敷,稍失落,但认真)郭叔叔,我也读过小学堂呀,为什么不能继续在这县立中学读书了呢?

郭恩敷　这——唉,芊芊,我当然希望你来读书,可是……

谭梦笙　郭叔叔,我知道您希望我上学,是县里的大老爷不允许女子上学的,对吧?

刘国佐　(吃惊)这个小姑娘了不得!你竟然能说出这样的话来!

郭恩敷 （苦笑）毕竟县太爷不像你一样，上过新式的小学堂啊……

谭梦笙 （不平）对！老师说过，人是平等的，不分男女！我很崇拜的巾帼英雄秋瑾，她也说过"身不得，男儿列；心却比，男儿烈"，谁说女子不如男呀！

刘国佐 （慨叹）我不知道，我是应该为我们的教育而高兴，还是……

〔郭恩敷用手背轻拍刘国佐，朝刘国佐使眼色。沉默。

〔雇工已经打扫完，走向刘国佐。

雇　工 老……老爷，这儿的卫生……小人已经打扫干净，请……请老爷过目！

郭恩敷 （笑）民国都已建立两年，还叫什么"老爷""小人"！快改改吧，直起身子做人多好！

刘国佐 （笑）是啊。那我去最后检查一遍学校卫生工作，郭校长在这儿稍等片刻！

〔刘国佐、雇工右走，准备从右下。

谭梦笙 （向刘国佐方向追了几步，遥问）我能跟去看看吗，刘先生？

郭恩敷 那就让你刘叔叔带你转转学校，成全了你的心愿！

谭梦笙 （回头，笑）我的心愿——现在变啦！我不光想看看新学校，我还想继续上学！（期待）郭叔叔，您能答应我吗？

郭恩敷 （沉默一会儿）你先跟刘叔叔去吧，等你回来我再答复你！一定！

〔谭梦笙笑，点点头。刘国佐、谭梦笙、雇工从右下。

郭恩敷 （自言自语）看来这新思想一旦深入人心，便真的要让这天地旧貌换新颜啊！

〔郭恩敷低头沉默。

郭恩敷　县立中学……女子学校……县里不办，我为何不能创设私立女校！（拍手）对！长沙的私立周南女子中学已兴办多年，培养了大量的有志女子，我潍县女子教育不可或缺！我要联系我的同事，还有每一位支持我和潍县教育的人，一定要成立一所女子学校！

〔谭梦笙、刘国佐依次从右上。谭梦笙跑到郭恩敷面前。

谭梦笙　（欢快地）郭叔叔，这新学校太好了！我坐在桌前，看着讲台，就像回到了小学堂一样！但是桌子更高了，椅子也更高了，（逐渐伤心，声渐小）讲台上也没有老师讲课了……（低头，黯然）郭叔叔，我真的还想上学，我今天能不能偷偷听一堂课啊……

郭恩敷　（拍谭梦笙肩膀）芊芊，这次叔叔和你约定好，我一定让你继续上学！

谭梦笙　（惊喜）真的吗？

郭恩敷　（点头）嗯。不过不是县立中学，我要募资建设一所女子学校。正如你所说，谁说女子不如男！

刘国佐　郭校长要办女校？这需要募捐一大笔钱啊！

郭恩敷　（坚决）怕什么！潍县的土地上，什么样的学校没建成过！许多发达地区女子教育风生水起，我潍县的女子教育也刻不容缓！

谭梦笙　（兴奋）那到时候郭叔叔要及时告诉我！我要第一个报名入学！

刘国佐　那我也要第一个参与筹资，为潍县女子教育尽绵薄之力！

郭恩敷　好！看来我潍县教育的星星之火，已成燎原之势！（看怀表）时间已到，让学生进来吧！

刘国佐　好！

〔刘国佐推开校门，向外高呼。

刘国佐　同学们，开学啦！

〔众学生携包左上，多小步快走，亦有跑来者。学生问好声与郭恩敷、刘国佐应答声响作一片。

〔光渐暗。声渐小。

二场

〔1919年，日暮黄昏时刻。

〔县立女子中学。

〔女学生们行色匆匆，相互呼喊着，布置着明日的毕业典礼。谭梦笙与小英、小青路过其中，归往宿舍。

小　英　（关切）阿笙，我看你像是心有忧虑，可是紧张着明日的毕业发言？

小　青　（雀跃）不要紧的，我们阿笙啊，可是这第一届的优秀毕业生代表，发言稿件，那一定是精心准备过的！

谭梦笙　（愁容转笑）小青，你这样夸我，我可更忧心啦！本来呀，听闻郭恩敷叔叔在百忙中能抽空参加这次的毕业典礼，我就激动极了！

小　英　你家与郭先生是世交，自小就结识了郭先生，这本就熟络，不必紧张的呀。

谭梦笙　（认真）你们也知道的，近年来中国内外均不太平，尤其是近来，大战初熄，中国代表赴巴黎尚无消息，郭叔叔定是熬油费火，他这次能来，足见对我们的期望啊！

小　青　（认真，感叹）是啊，中国内外交困，我们做了四年学生，还不能算是可以担当国家重任的那批人，郭先生却是。明日一别，该是我们与他们同心，做实事救国啦！

〔光灭。

〔光起。

〔当晚。

〔宿舍。

小　青　（看到谭梦笙床前桌上的书，边走去边问）咦，阿笙，这是什么书？

谭梦笙　（收拾衣物，隔空回答）是《论美国的民主》。

小　青　（拿起书翻看）哦！我记得之前上课时王先生提及过的，说是一本洋书，对理解"民主""自由"等词很是有用！

谭梦笙　（走过来）是的，教材中的"民主"一词我总觉得理解得不深，方前蔡元培先生也发表过推崇"民主"的文章，我想，"民主"或对中国的未来是有用的。

小　青　（惊喜，笑）对啊！当年郭先生创建"智群学社"，提出"欲养民德，先开民智"，不也带了几分"民主"色彩吗！

谭梦笙　（拉住小青的手）民国虽叫民国，"民主"却在开始便被袁氏走狗夺去了，郭叔叔他们一直在不断为争取民主而斗争。如今正是世界大变局，只要我们努力，为国谋实力，"民主"必定会在中国大地遍地开花！

小　青　嗯！

〔光灭。

三场

〔光起，舞台一角。

〔1919年。

〔郭恩敷家中。

〔郭恩敷静坐在竹编椅上读报。

郭恩敷 （看着报纸，皱眉，自语）这世界大战初停，便要和谈，代表此去巴黎，虽以战胜国之身，观及西方态度，怕是难保战胜国之遇啊。民国政权如今本就风雨飘摇，若谈判不利，恐是会大堤溃于千日之积啊。

小　厮　郭先生，去县立女子中学的车备好了。

郭恩敷　（沉默地看报，良久起身）启程吧。

〔光灭。

〔舞台中央光起。

〔1919 年。

〔县立女子中学校门口。

〔车行至县立中学门口，郭恩敷下车。看到来人便笑了，丁叔言已等候在此，立即迎上去。

丁叔言　（激动，握住郭恩敷的手）郭先生，自那日一别，许久未见，一切可好啊？

郭恩敷　（笑着）承蒙丁先生挂念，郭某一切尚可，只是这形势，却难如人意啊！

〔两人闻之，均是面带了愁容。

丁叔言　（面露忧色）唉，中国已是积弱百年，纵是近年来有所进步，欲扭转国际局势，也是关山初度路犹长啊。代表此去，并无如意消息，听闻西方态度，并不乐观啊。

郭恩敷　（凝重）国事实属大事，我们欲想出力，须待计议啊。

丁叔言　（抬手请进状，笑）快别说，今日是这县立中学的毕业典礼，郭先生先请进吧。

〔二人走进县立中学，向礼堂走去。

郭恩敷 （边走边环顾）时间如流啊，已经过去四年了，这县立女子中学也要迎来第一批毕业生了！

丁叔言 是啊！当年若不是郭先生尽力募捐9 000元，这县立女子中学又怎得以建成，这些女学生又怎能有书可读呢？

郭恩敷 （笑，认真）这所学堂是有开辟性意义的，只是希望学生们能在学成后继续进步，为国效力。国事本艰，若是观及青年奋进之姿，我这心，也算是更自信些了。

四场

〔光转至县立女子中学礼堂。

〔初入礼堂，映入眼帘的便是堂前悬挂的巨大的青天白日旗，在上是一条红幅，自右向左写着"民国八年山东中区第一女子学校毕业典礼"。目中所及皆是蓝衣黑鞋的女学生，三两挨坐，谈笑风生。谭梦笙与小英、小青刚刚落座，谭梦笙便看到了最前排的郭恩敷先生，小青亦是。

〔正当谭梦笙含着敬畏凝望郭恩敷叔叔时——

小　青 （激动）阿笙，那不是郭恩敷先生嘛！

谭梦笙 （激动且紧张）嗯！与郭叔叔同坐的是王先生和丁先生，他们都是同盟会成员，是为国奉献的战友！（眼神向往）

小　英 对呀！王先生讲的西方文选课也是极好！他课上为我们推荐的书籍，常能帮助我理解一些新潮的词汇呢！

谭梦笙 （笑）果然英雄都是比肩的！（认真）只是今日一别，再听不了他们的课了，总觉得有些遗憾。

小　青 （轻拍谭梦笙的手）哎呀阿笙，你毕业后去县立中学教书的申请不是通过了嘛！我们以后就可以去听你讲的课啦！

谭梦笙 （笑）你毕业后不是要赴美留学吗？你呀，净会说笑！

小　英 （黯淡伤心，低头）唉，我也想继续学习的，可是我们家这几年供我上完学已经是破天荒的事了，爹娘总嚷嚷着等我毕业要把我嫁出去呢！

谭梦笙 （安慰）没事的，小英。你已读了四年书，又曾说敬仰陈寅恪先生，已是个进步女青年了！我们都明白你真正追求的是什么，你若是怕，我们同你一块劝说你爹娘。（突然想起，关切）对了，小青，你留洋学成后还回来吧？

小　青 相比之下，近年来国外的学习环境固然是很好的，然而……（犹豫）以后的事，到时候再说吧。

〔女学生们渐渐落座齐了，毕业典礼主持走到台前，四周逐渐安静了。

主　持 现在请县立女子中学第一届优秀毕业生代表——谭梦笙同学发言！

〔谭梦笙镇静地走到台前，望着郭恩敷、小英、小青等鼓励的目光，开口了。

〔背景配乐《送别》响。

谭梦笙 能立于此，我荣幸至极。若念及最要感谢之人，那便是这所县立女子中学的负责人——郭恩敷先生。（看向郭恩敷，郭恩敷微笑点头）众所周知，四年前，若不是郭恩敷先生迎头碰壁，执意募捐，建立了这所学校，我们这些女子又怎有机会进学堂读书？郭先生近年来做了许多大事，我在四年前进入学校前便有所耳闻了。我儿时做郭先生的邻居，早知有小学堂、县立中学，可身为女子，父母不许，制度不行，正当我目中艳羡无处可泄时，县立女子中学出世了。爹娘为郭叔叔所说服，我才有了这个机会。我相信，在座同学皆是冲破阻挠，才得以读书的，而带领我们冲破阻挠的人，便是郭恩敷先生、王先生、丁先生这些革命英雄！儿时我看郭先生总进进出出，不知在做什么，如今才知，他为之操劳的事业，却也是中国的事业！（众女学生认真点头，鼓掌）（谭梦笙抬头看毕业横幅，边走边说）如今这里是全省唯一的女子师范学堂，我们这些女子，以愚昧之躯走进这里，当初追寻的，不就是那份自由进步吗？不只是自身的进步，更多的是中国的进步！如今山河动荡，政府飘摇，却总有英雄人物顶天立地，为国卖力！从此一别，不知何日能再相见，只愿我们能在中国的不同角落，秉持着同一个救中国的信念，做中国青年，为国谋前途！

〔音乐停，谭梦笙在众人掌声中下台。

主　持　青年之力，足可见之！谭梦笙同学的铮铮誓言，让我们看到了中国未来坚硬的脊背！正如她所言，郭恩敷先生在救国事业中做出了巨大的贡献，现在请郭先生讲话！

〔郭恩敷从容地走上台，环顾四周，看着女学生们坚毅的脸庞，慈祥且饱含希望。

〔背景配乐起。

郭恩敷　（慢慢说）今日我所立之地，并不仅仅是一所学堂，而是中国女子教育的开辟处之一。从前有人道，"女子，大门不出，只是相夫教子，谨遵老祖宗之法，安安分分地过一辈子，便是很好的一生了"。但请诸君思考，生而为人，女子又怎差于男子？有报国志向的女青年便不配为国效力吗？近年来西学传播，首要词汇便是"自由""民主"，皆是与男女平等分不开的。观及当今，国事危急，救中国需要全体中国青年的参与，包括你们。（摊手指向学生们，边走动边说）诸君是第一批从这里走进中国命脉的青年，更需肩负国家之重任，以身作则，力矫颓俗；并需求取知识，不断进步，为中国之新生创造力量！幸而我已在你们中看到未来中国之雏形，我相信你们，中国，相信你们！

〔更大的掌声。

谭梦笙　（激动站起，挥臂呼喊）巾帼救国，义不容辞！

小　英　（激动站起，一拍桌子）我不去嫁人了！我要像阿笙一样，教书为国！巾帼救国，义不容辞！

小　青　（激动站起，拉住谭梦笙的手）我不再动摇了！赴美后我一定积极学习，报效祖国！巾帼救国，义不容辞！

〔女学生们纷纷站起，呼喊着"巾帼救国，义不容辞！"郭恩敷站在台前，微笑看着她们。

众学生　巾帼救国，义不容辞！（重复，声渐小）

〔光灭。

第五幕　兴寐俭朴彰君子本色　辞令正气坦名士热肠

人物介绍

郭恩敷——潍县县立中学校长，兼任潍县中区教育会会长。

谭梦笙——潍县县立中学教师。

刘国佐——男，50余岁，潍县县立中学教务主任。

潘同科——男，50余岁，商会会长，见风使舵的奸商，为中华革命军办事。

赵绅商——男，30余岁，外地来的绅商，善良知礼。

第一场

〔时间：1919年秋

〔光起。

〔潍县县立中学校长办公室。室内摆置简单,左有一木制办公桌、一把椅,桌上有文件若干;后靠墙有一书架,有藏书若干;墙上有一窗,窗开,窗外为校园风光。

〔刘国佐上,环视四周,甚是焦急。

刘国佐 (焦灼)哎呀,郭校长一定又去别的学校调查了!校长自从去年任了潍县中区教育会会长,三天两头去各个学校调查学情。可现在……唉,来者不善啊,搞不好要"泥菩萨过江——自身难保"啊!

〔窗外传来郭恩敷与谭梦笙的声音。

谭梦笙 (幕后音)郭叔叔刚下课?

郭恩敷 (幕后音)嗯!刚讲完几何。

谭梦笙 (幕后音,了然地)噢!我上学时最喜欢听您的几何课了。那我去给三级学生上课了。

郭恩敷 (幕后音,声音逐渐变大)好,去吧!

〔郭恩敷上,腋下夹带大三角尺和教案等。刘国佐上前迎接。

刘国佐 哎呀!郭校长,您终于来了!我还以为您又去调查商讨了!

郭恩敷 倒没有,课后同几个一级学生交流,来得迟了。他们知道我以前带学生测绘过潍县地图,而地图绘制离不了平面几何,于是便问我还有何"数学兴邦"的方法,这一问我倒是一时不知从何说起(笑)。

〔郭恩敷把大三角尺和教案等放在办公桌一侧,坐椅上。

郭恩敷 刘主任有何要事?

刘国佐 (焦灼)那些绅商又来学校闹事儿了!三级教室离校门最近,当时我在里面与学生探讨课表的安排与调整,这些绅商便径直闯入。他们说"事关中学前途与去留",还"非校长不能解决",颐指气使,恣肆无礼，连学生都颇有不平之意——我便急着前来找您。郭校长，麻烦您和他们见见面，看看他们耍什么鬼把戏。

郭恩敷 （严肃）又是绅商！这些人，有钱有权，但动辄就没有原则。这次来，他们多是心怀鬼胎，不知道又要如何作妖。

刘国佐 那我把他们叫到办公室来吧！

郭恩敷 （点头）嗯，去吧。

〔刘国佐走到办公室门口，招手致意。

刘国佐 二位先生请进，郭校长在室内等您交谈。

〔潘同科、赵绅商上，潘十分神气，赵紧随其后。郭恩敷站起，前去迎接潘同科、赵绅商。

刘国佐 这位就是郭校长。

郭恩敷 （向潘同科伸手，欲握手）二位先生，你们好。

〔潘同科略有迟疑，后草率与郭恩敷握手。随后郭恩敷与赵绅商握手。

赵绅商 你好。

郭恩敷 不知二位先生有何贵干？

潘同科 （环顾四周，笑）久闻郭校长乃风雅之士，今日见面，我却心存疑惑。堂堂潍县县立中学的大校长，办公室竟"环堵萧然"，连一幅名家书画都没有。古风不存，文墨不再，那又如何让这学校翰墨飘香呢？

郭恩敷 倘若挂上两幅名家书画就能让人"腹有诗书气自华"，那应该让学生去古玩市场学习。我们教育者倘若只是附庸风雅，只做表面文章，那我潍县教育，乃至我民国之教育，也只能是"上梁不正下梁歪"啊。再者，艺术方面我只好奏古琴修身养性，还真不曾爱好收藏，只有一块匾我视为珍宝，而且先生们应该已经见到了。

潘同科 什么匾？

郭恩敷　这块匾，是我的同事于普源、于翰林写的。于翰林与我在中国同盟会共事，且早年我在潍阳书院讲学时便非常支持我。后来得知县立中学成立，便为学校题下"容、忍"二字。我以"克己复礼、有容乃大"解释这二字，并以此为校训。现在这块匾悬挂在刚刚二位先生所进的三级学生的教室中，兴许是先生们来之匆匆，不曾看见吧。

〔潘同科干咳一声，踱步，然后猛然转身。

潘同科　（阴阳怪气）不过，县里没少给贵校拨款吧？连校长办公室都如此寒碜，这县立中学的办学质量，恐怕令人担忧啊。

郭恩敷　（皱眉）先生的话，着实让我摸不着头脑。首先，县里的教育资金分配使用明细是在衙署里公示的，您作为县中官员，不会对此一无所知吧？其次，县里提供的资金用于兴建校舍、招募教员、购置教具书籍，不是用来建朝堂宫殿的；再者，资金的使用情况有专门的官员监察，您好像无权过问吧？

〔郭恩敷说完，走回桌前，坐椅上，找出另一叠教案。

郭恩敷　二位先生如果没有什么要紧的事，就请回吧，我还要去第一女子学校讲课呢。

〔赵绅商悄悄拽了拽潘同科的衣袖，然后看向郭恩敷。

赵绅商　（笑）哎哟，郭校长，您少安毋躁。自辛亥革命成功，中华民国建立，孙中山大总统提倡平等民主，天下气象焕然一新。然袁世凯复辟，封建余孽死灰复燃，中华民国名存实亡，黄袍加身，龙旗飘飞；天下之人甚是不满，斩木为兵，揭竿而起，皆尽力……

郭恩敷　（不耐烦）先生是前来说书的吗？有事请直接说来，何须说些无关痛痒的话！

〔郭恩敷站起，携教案等欲离开。赵绅商上前阻拦。

赵绅商 哎呀，郭校长请留步！（郭恩敷站定）其实是这样，我们希望您能以校长的名义，帮助我们革命成功呀。

郭恩敷 （推开赵绅商）革命？你们又在闹什么革命？

赵绅商 我们要重建潍县政治秩序，恢复民主与平等！

郭恩敷 （走回桌边）你们这些绅商，经商起家，后来戴上了乌纱帽，现在又要闹什么"革命"……"革命"，哼，辛亥革命成功，是有枪杆子的！那你们的"革命军"呢？

〔潘同科突然转向郭恩敷。

潘同科 （高声）郭校长可真是料事如神，这番进驻潍县的正是革命军！

郭恩敷 原来你们平时就暗中训练军队！这不是"革命"，这是有意谋反！你们唯恐天下不乱！

潘同科 笑话！我们绅商为潍县的前途命运着想，这番特来你处取教育资金充当军饷，迎接犒赏革命军！

郭恩敷 （震怒）我乃全县绅民公推、县长遴选、省厅核查任命的校长，又兼任潍县中区教育会会长，肩担潍县教育之重任，阻挠我潍县教育者，我必与他斗争到底！县立中学是教书育人的地方，不是你们胡作非为的地方！学校的资金只能用于教育，绝不可能拿去充当军饷！

〔郭恩敷向前一步，走向潘同科。

郭恩敷 料想你不是"革命"的头儿，我要见你们的头儿！你们"革命军"的头儿是谁？

〔潘同科哂笑。短暂沉默。刘国佐突然拉潘同科胳膊。

刘国佐 不会你们的军队就叫"革命军"吧？你们不会是两年前……

潘同科 正是！中华革命军东北军将再次点燃潍县的革命之火！革命

领袖居大帅,岂是你们能见得了的!那可是孙中山大总统亲自任命的!

刘国佐 (甩手,走开)哼!果然又是中华革命军!大总统如此信任你们,而你们却让百姓受尽苦难,你们怎么好意思谈潍县的前途与命运!

潘同科 你放肆!

〔潘同科羞愤,上前欲推搡刘国佐。赵绅商连忙拦住。

赵绅商 各位先生不要冲动!(向刘国佐)这位先生怎能凭空污人清白?居大帅乃德才兼备之人,率领"中华革命军"进驻潍县,是让百姓从水深火热之中……

刘国佐 (打断)什么"清白"!你,恐怕是最近才来潍县的绅商吧。

赵绅商 (一愣)是,是。先生如何得知?

〔刘国佐冷笑一声,背手走到房间中央。

刘国佐 我和郭校长,都是地地道道的潍县人,目睹了潍县这四十多年的纷乱。辛亥革命后,本以为终于能安心教学,结果仅仅两年,潍县就迎来了百年罕见的暴雨,洪水肆虐。我潍县百姓叫苦连天,而在这时,居正领着中华革命军打进了县城。诚然,袁世凯的统治专制无度,老百姓听到孙大总统的革命军进城,都满怀希望。但,革命军进城后,打着犒劳军队的幌子,搜刮民脂民膏;又以革命动员的名义,强抓壮丁充军。民主革命,当然是人心所向;但只要有军队,只要有战争,老百姓总要饱受折磨。

〔沉默。赵绅商愣住。

刘国佐 现今春旱又至,老百姓几乎颗粒无收。我潍县百姓这两年多灾多难,家无余财。近些日子难得太平无事,而你们又要兴风作浪。为什么要让老百姓忍受这一切的痛苦?!先生们,就算是我代表老百姓求各位了,让我们安安稳稳过日子吧!

〔郭恩敷走回办公桌前。

郭恩敷　（边走边说）刘主任说得是。国难、天灾、兵燹，潍县学校几乎全部被迫停办，唯有县立中学深受县里支持，在困难时经费亦不曾断，才让我潍县教育事业得以赓续。如今多数学校已重启教学，这是各界人士共同努力的成果。再者，大总统手下人才济济，就不能用些以智取胜的计谋，"不战而屈人之兵"？老百姓生活安宁，可也是大总统所盼望的呀。你们——还是不要违背民意为好。

〔郭恩敷说完坐下，看向潘、赵二人。

赵绅商　那这……可是……

潘同科　什么"民意"！"将在外，君命有所不受"，现在，居大帅的命令，就是圣旨！革命形势如此严峻，你一个中学校长懂得什么！等革命军进了城，那可就不是"请"你出资了。军饷，我们自己来取！不出资充军，管你什么校长主任，一律都是反革命，通通枪决！杀无赦！哈哈哈！

〔潘同科狂笑。郭恩敷拍案而起。

郭恩敷　你这个狼心狗肺的绅商，丧尽天良！我在同盟会奋斗几十载，从未听说过如此荒谬的革命！你这是污蔑民主！你这是诋毁革命！妄图挪用县立中学学款充当军饷，校长我决不同意！道理已经说得很清楚，你们的所作所为自己也心知肚明。今天，我郭恩敷就把话说明白：宁杀我头，恕不从命！

〔郭恩敷怒视潘同科。赵绅商低头看地，搓手。潘同科双拳攥起，青筋暴突。

潘同科　（手指郭恩敷）你……你们这些人……我……我告诉你，"秀才遇到兵"，那可"有理说不清"！你们……你们……

〔窗外忽然校歌嘹亮。潘同科一震。郭恩敷、刘国佐先是一愣，继而面带微笑。

〔录音。众学生齐唱：中天华光，民国重熙，日月高耀五色旗。宏开教育，邦家之基，多士一堂庆济济……

潘同科　（佯装镇定）你们的学生真是不知礼节！我们前来与校长交谈，竟如此大声喧哗！快让学生们安静！

刘国佐　（眨眨眼）学校没有这个时候唱校歌的习惯，我也不知道他们为何突然高唱校歌。再者，校歌神圣，不能随意打断。

赵绅商　刘主任，现在情况特殊，等我们解决了军饷问题，再让他们唱歌，也不迟嘛！

郭恩敷　（含笑）一首校歌，就令二位先生如此战栗，咳……如果二位非要让学生停下——刘主任，去看看是哪一级学生唱歌，让他们稍停一下。哦，还有，让他们的授课教师来一下，我问问这是怎么回事。

刘国佐　（点头）好。

〔刘国佐下。稍后众学生逐渐停止歌唱。稍后刘国佐、谭梦笙上。

刘国佐　（向郭恩敷）是三级学生唱的校歌，谭老师在给他们上历史课。

郭恩敷　（点头，向谭梦笙）谭老师，我记得三级学生今年学的是西洋史吧？何事需要高唱校歌？

谭梦笙　（正义凛然）若要彰显校歌精神，便需自由的歌唱环境，且这何尝不是应景之时？（直看潘同科）刚刚讲到西方帝国主义侵华、国民蒙羞时，我与学生都分外哀痛。可就在沉默时，竟听到有人在大放厥词，以颠倒黑白。此情此景，哪个中国人不义愤填膺？我带头唱校歌，为的便是镇妖除邪！

〔潘同科望向谭梦笙。

潘同科　这，是县立中学的教师？

谭梦笙　（正视潘同科）没错。

潘同科　（狡黠一笑，向郭恩敷）这就是贵校饱读诗书的教员？我看这位教师如此年轻，在贵校教书，恐怕大有来头呀！

谭梦笙　（一身正气）那恐怕令您失望了。我曾在第一女子学校读书，见郭校长上能力排众议发展教育，下能春风化雨教书育人，便十分敬仰郭校长，也想投身教育事业，于是来应聘当教员。而且，我的教员资格是经过教育主管机关批准的，我不认为存在什么蹊跷。

潘同科　那，你想必是郭校长的学生喽？

谭梦笙　（直盯他的眼睛）对，郭校长是我的恩师。

潘同科　（坏笑）那看来谭老师来得"名正言顺"呢！

郭恩敷　县立中学的教员，既有晚清科甲才俊，亦有饱读西学的大学生，更不乏思想进步、有赤诚之心的知识分子。谭老师以历史见长，又有一身浩然正气，聘任谭老师当然名正言顺。主管机关都"不拘一格降人才"，你们又何故别有用心地打起了"小算盘"？做人，光明磊落些。我可不喜欢"无奸不商"这个词。

谭梦笙　（鄙夷）张口要钱的是你，玩弄权术的是你，不知这位先生还能展现怎样的"世态炎凉"？

〔潘同科甚是不快。赵绅商低头，偷看潘同科。沉默良久。

潘同科　那好！你们继续唱吧！打扰了！

谭梦笙　（微笑）慢走啊，先生！不送！

〔潘同科转身背手，下。

赵绅商　（仓促）那，打扰郭校长了！

〔赵绅商向郭恩敷略微弯腰示意，后向刘国佐、谭梦笙点头示意，快步下。

郭恩敷　（微笑）谭老师，你这一招可不得了。我们斗了半天嘴才杀了他们一半锐气，你们一首歌让他们肝胆俱裂啊！哈哈！

谭梦笙　（笑）他们如此嚣张，谁能坐得住？换作是您，也不会干生一肚子闷气吧！（向刘国佐）刘主任的作曲也是如虎添翼，校歌慷慨激昂，学生唱得有劲。要是不被打断，定把那些绅商吓破胆了！

〔郭恩敷、刘国佐、谭梦笙三人笑。

郭恩敷　（低声）就是我潍县百姓，又要遭殃了，唉！

〔沉默。

刘国佐　唉，郭校长不还要去第一女子学校讲课？

谭梦笙　女校调了课表？我记得现在应是自修时间呀！

郭恩敷　（笑）刘主任您太实在！我假托上课之名，就是想赶走那两位不速之客！今天女校的代数课上午已经上完了，现在上完自修就该放学回家了！哈哈哈……

〔郭恩敷、刘国佐、谭梦笙三人笑。

谭梦笙　郭校长还有什么事要嘱咐吗？若是没有，我便回去把明天讲课的内容提前吩咐下去……

郭恩敷　哈哈，没事了，谭老师可以回去了。（向刘国佐）刘主任，咱俩最后去看看各级学生的情况，然后我诚挚地邀请您来我寒舍做客。一提起古琴，我就特别想弹奏。而今天这琴声，也许只有您能懂啊，哈哈！

刘国佐　那我可真是荣幸。不过，我想谭老师更是您的知音吧！

郭恩敷　哦，对！（向谭梦笙）梦笙也一同前去吧。

谭梦笙　那太好了！先前听闻，我便想领略您高超的琴技了！

刘国佐　不知道今天郭校长是"峨峨兮若泰山"，还是"洋洋兮若江河"？

谭梦笙　（敬仰）郭校长一身浩然正气，那琴声一定也是高峻如泰山、汹涌似长江了！

郭恩敷　（笑）你们这如此高的期望，我恐怕难以满足啊！哈哈！那，我们快走吧！

刘国佐、谭梦笙　走！

〔郭恩敷、刘国佐、谭梦笙三人面带喜色，下。潍县县立中学校歌响起。

〔幕落。

第六幕　莘莘学子挽国难风起云涌　芸芸民众抵日货心聚魂凝

人物介绍

郭恩敷——男，约55岁，潍县县立中学校长，维持国货会委员。

谭梦笙——女，约27岁，县立中学女教师，小名芊芊。

刘国佐——潍县县立中学教务主任，学生运动支持者之一。

张永和——男，县立中学学生，担任县立中学第一任同学会会长。

裴昌年——男，县立中学学生，维持国货会委员。

潘同科——商会会长，同祥绣货庄等商号的代理人，见风使舵的奸商，现媚日。

赵绅商——外来商人，现已从良。

刘记者——男，记者。

日　军——驻潍县火车站的日军。

众学生。

众警察——警长、警察甲等人。

众商人——商人甲等人。

第一场

〔光起。

〔1919年5月初。

〔潍县县立中学。

〔校长办公室（布局见第六幕）内，郭恩敷一手拿着报纸端详，另一手摩挲下巴。

〔敲门声响起。

郭恩敷　请进。

〔谭梦笙上。

谭梦笙　恩师，打扰了。

郭恩敷　怎么了，芊芊？

谭梦笙　（忧心）昨日北平学生运动爆发，3 000余名师生游行示威。消息传来，我校学生也是慨当以慷、情绪激昂。教师们方才稍许安抚了学生，可心底也是激动不已，无法于国难面前按捺情绪。我校学生运动的兴起，想必就在眼下啊。

郭恩敷　北平之事我已听闻。此番国难为全体国民之重担，学生自是责无旁贷，若是学子们意欲响应北平运动，我等自是无条件支持。

谭梦笙　（受触动地）恩师……

郭恩敷　（抬手）少年为中国之生力，后浪蓄势待发，我老一辈既须将主舞台留给他们，亦要毫无保留地相助。山东绝不能丢，国土再损失一寸也不能接受！（坚定地）

〔谭梦笙下。

〔敲门声再响。

郭恩敷 请进。

〔张永和上。

张永和 （激动地）校长好！

郭恩敷 请讲。

张永和 （拱手行礼，手中捏着一张很大的纸）校长，巴黎和会丧我国格，胶东危矣！然北平五四惊雷滚滚，我等潍县学子不可袖手旁观，置国难于不顾啊！（弯腰鞠躬，递上手中的纸）此为学生运动请愿书，已得到县中全体学子之签名，恳请校长准许，支持我等后辈为国抗争！

〔郭恩敷看着白纸上鲜红的"请愿书"三个大字，以及下方密密麻麻的黑色签名，心中感慨。

郭恩敷 潍县学子能有如此的硬骨与担当，真令我好生骄傲啊。好，我准许你们，但万万记得，一定要注意安全。（停顿）你们是民族的希望，可千万不能有所闪失啊。

〔郭恩敷在请愿书上盖上校方印章。

张永和 （拿回请愿书，再次拱手）谢郭校长！

第二场

〔1919年5月初。

〔潍县城中。

〔众学生上，光切向学生。

〔县立中学门前，学子人头攒动，手持横幅、旗帜，皆为白底黑字。

张永和 （激昂地）同学们，上街！

〔学生们拥上街头。

裴昌年 （疾呼）还我青岛！

众学生 （高呼）还我青岛！

张永和 （大声疾呼）保卫主权！

众学生 （高呼）保卫主权！

〔学生们拥入县中心。

〔张永和站上街道中心一高台。

张永和 （极其愤慨，不时挥动手臂）同胞们，列强在巴黎出卖了我们，他们出卖了中国，出卖了四万万中国人，出卖了公理和正义！如此明白的事实，这北洋政府居然看不明白；如此赤裸裸的羞辱，这北洋政府居然可以忍受！他们根本就不是我们的政府，他们就是列强的帮凶，是倭寇的走狗！

〔刘记者上，在人群外围对着学生们拍照。

裴昌年 （站上高台，声嘶力竭）国家有难，匹夫有责！今天，我们要以血还血，（握紧双拳）今天，我们要以牙还牙！无论是谁，要是敢亡我国家，灭我民族，我们就跟他们血战到底！

众学生 （扬起横幅、挥舞旗帜）血战到底！誓死力争！

张永和 我们今天的行动，是中国未来的先声！

〔光线切向郭恩敷、谭梦笙。

〔潍县县立中学校长办公室，郭恩敷从窗户注视着街上的学生，眼神有欣慰，也有担忧。

〔谭梦笙推门进来。

谭梦笙 （皱着眉，忧心忡忡）恩师，警察已上街了，我很担心学生的安危。

〔郭恩敷摩挲下巴，低头沉思。片刻后，拿起电话，拨通。

谭梦笙 （忧心）您要联系……

郭恩敷 警察局局长。

〔郭恩敷、谭梦笙下，光切回众人。

〔众警察上。

〔街道上，学生们继续行进，前方有数十名警察持枪阻拦。

〔众学生与众警察碰面。

张永和 誓死力争！爱国无罪！

众学生 （高举横幅、旗帜）爱国无罪！

〔警察甲从众警察后方上。

警察甲 （大呼）报告警长！报告警长！……（冲入人群）

〔警长刚要带领众警察上前，忽然警察甲自警察队伍后方挤到他身边，附在他耳朵上说了些什么。

张永和 同学们，冲过去！

〔众学生向前冲去。

警　长 全体听令，原地不动，禁止开火！

〔众警察闻言，不解地一愣，但都放下阻拦学生的手。

〔众学生突破警卫线，向县政府冲去。

〔众警察下。

众学生 （挥舞旗帜）还我青岛！卫我国权！还我青岛！卫我国权！

众学生 （高唱《马赛曲》）神圣的祖国号召我们，向敌人雪恨复仇。我们渴望珍贵的自由，决心要为它而战斗，决心要为它而战斗！看我们高举自由的旗帜，胜利地迈着大步前进。让敌人在我们脚底下，听着我们凯旋的歌声。公民，武装起来！公民，决一死战！前进，前进！万众一心，把敌人消灭净……

第三场

〔1919年5月。

〔潍县县立中学。

〔张永和等同学会成员登上高台,坐在主席台上,台下是县中众学生与其他学校学生代表。

张永和 今日,潍县县立中学同学会正式成立!

〔台上台下掌声雷动。

张永和 (痛心疾首)众所周知,日寇垂涎我国大好河山,厚颜无耻,咬住"二十一条",妄图侵占我山东,践踏我家乡!

〔台下学生一脸愤慨。

张永和 (挥臂)国难当前,各路奸商竟贪图一己私利而舍弃民族大义,只因利润而贩售倒卖日货,让老百姓的白银都流进了日寇的口袋。此类行径令人发指!这是不二的卖国贼!(义愤填膺)民族企业为经济振兴之基石,守卫民族工业就是开拓中华前行之路。我,作为潍县县立中学同学会会长,在此向各位同学发起号召,支持国货,抵制日货!

众学生 支持国货,抵制日货!

〔光灭,众人下,郭恩敷、刘国佐上。

〔光起。

〔校长办公室内,郭恩敷坐在办公桌前。

〔刘国佐敲门进入。

刘国佐 先生,我联系了南洋兄弟烟草公司及英美烟草公司为同学会捐献经费。

郭恩敷 (点头)辛苦你了。

刘国佐 抵制日货绝不只是学生之责任,我们也义不容辞。

郭恩敷　所见略同。我已联系了各学校，希望集结各界力量，共同抵制日货，保卫家国。

〔刘国佐下。

〔光灭。

〔旁白：当潍县抵制日货运动方兴未艾时，负隅顽抗之阻力也暗潮汹涌。

〔光起。

〔一个月后。

〔谭梦笙上。谭梦笙敲门进入校长办公室，见郭恩敷眉头紧锁，正在与人通电话。

〔郭恩敷放下电话，揉着眉心。

谭梦笙　（忧心上前）恩师，可有变故？

郭恩敷　（重重地叹了一口气，沉默片刻）……今日……我将辞去县立中学校长一职。

谭梦笙　（双目睁大，一脸不可置信）这……这怎么能行？！没有人比您更能胜任这个职务……

郭恩敷　学生抵制日货运动引起商人联合反对，商人将祸端全部指控在我身上，轮番向县长诉状施压，县长迫于威逼，只得命我辞去校长职务。

谭梦笙　（激动地）这是赤裸裸地污人清白！您 8 年来夙兴夜寐，至勤至诚，从未有一天倦怠，如今竟因奸商谣言便要退去职务？

郭恩敷　（抬手）运动，为我所支持，资金，我亦有出力。今遭革职，我敢作敢当、无怨无悔。（神情平静，直视谭梦笙的双眼）芊芊，你是我看着长大的。你也明白，不管我身在何方，身居何职，只要能为中国教育、为民族未来奉献，我便心满意足。（起身，走到谭梦笙身前）即便我辞去此职，抵制日货，以及今后你们发起其他的运动，只要为国为民，我依旧会全力相助。

谭梦笙　（双手捂嘴，眼含热泪）郭叔叔……

〔谭梦笙向郭恩敷深鞠一躬。

〔光灭，谭梦笙下，众学生上。

〔光起，光切向学生。

〔教室内，众学生沉默不语。

张永和　郭先生竟是被卖国贼逼着辞去了校长职务。

〔众学生继续沉默，隐隐有抽泣声。

张永和　但是，郭先生虽身不在校长之位，而心必定与我们同在！我等岂能因此停止抗争？

众学生　不可！

张永和　抵制日货！

众学生　（激昂、洪亮）卫我国权！

〔郭恩敷进入。

众学生　先生！

张永和　先生！

郭恩敷　（抬手）对于我辞职一事，诸位学子勿悲勿怒，唯需心怀家国，事事关心。不因小人而怨憎，只向君子去看齐，让反帝爱国之事业愈加风起云涌，让潍县乃至中国目见我青年之力量！

众学生　（激动）是！请先生放心！

〔光灭。

第四场

〔1919年6月。

〔潍县一火车站附近的集镇。

〔众学生上；众商人搬凳子上，落座。

〔人头攒动的集镇，学生们向群众进行爱国宣传。

张永和　（挥手）父老乡亲们，我们是潍县学生联合会成员。国难当前，日寇贪婪，爪牙直逼齐鲁大地，不仅企图割占我们大好河山，还从商业上蚕食吞噬我们，挤压民族企业生存空间。我们一定要团结起来，支持国货，抵制日货，卫我国权！

众学生　抵制日货，卫我国权！

〔学生们向百姓发放传单。

〔几个售卖日货的小贩见状，收拾货物悄悄离开。

商人甲　一群毛且没长齐的小毛头在这嚷嚷什么！货不卖了，我们怎么吃饭？怎么活命？

一些商人附和　就是！快回去！走走走！

张永和　（怒）你们眼中只有自己的私利，竟与残害同胞的日寇狼狈为奸！在当今中国，贩卖日货就是见不得人的勾当！你们行苟且之事，还敢如此振振有词，你们可称民族的败类！

众学生　败类！卖国贼！

〔日军上，持枪厉呵，驱赶学生与商贩。

赵绅商　是日军！

〔许多商人见状惊慌离开。

〔一人不急不慢地走出，神情倨傲。

潘同科　哪来的一帮小毛孩，在这儿闹事？

张永和　是商会会长潘同科！

裴昌年　（气愤）商会会长居然是日本人的走狗！

张永和　我们是潍县学生联合会，代表维持国货会，在此宣传抵制日货，卫我国权！

潘同科　（冷笑一声）维持国货会？就是杜昌年、郭恩敷一帮人胡闹出来的那个组织？

裴昌年　你！

潘同科　我不管你们代表谁，日本人可是放话了，奉劝你们别再插手县里尤其是胶济铁路这边的商业，否则，（做了一个抹脖子的动作）你们各位可就人头不保喽！

〔光灭。

〔光起。

〔潘同科、日军下。学生从台下搬来凳子，落座。郭恩敷、谭梦笙搬凳子上，落座。

〔旁白：两个月后，东岳庙院召开群众大会，绅商士工各界代表纷纷受邀出席。众人都已入座时，唯有同祥绣货庄及其连号的代表、会长潘同科未到。

张永和　（不耐烦看表）这群众大会，商会会长潘同科怎么还未到场？

裴昌年　所有人皆至，唯独他与他的同祥绣货庄迟到，他是打定主意当那卖国贼了不成？

另一学生　（冷笑）哼，他哪是想当，他早就是那日寇蹄子下摇着尾巴的走狗了！

〔潘同科上，不紧不慢地进了场。

张永和　（起身，手指潘同科）潘同科！你作为商会会长，迟到一个时辰之久，态度竟如此轻慢？！

潘同科　（摊手）要务在身，真是不好意思，烦请各位原……

裴昌年　（愤怒）定是给日寇卖命！打死同样走狗潘同科！！

众学生　打死卖国贼潘同科！

〔众学生一拥而上，痛打潘同科。

潘同科　哎哟！哎哟……保镖！警察！你们这是违法！你们要害人性命！……哎哟……别打了！别打了……

〔一些商人见状，心虚地扭过头去。

〔光切向郭恩敷、谭梦笙。

郭恩敷　（叹气）经此一事，抵制日货之阻力，该是会消弭不少。

〔谭梦笙微笑，点头。

第七幕　鞠躬尽瘁善美生前事　流芳百年光耀身后名

人物介绍

郭恩敷——再次担任县立中学校长。

谭梦笙——县立中学教师。

张永和——县立中学学生。

裴昌年——县立中学学生。

丁叔言——60岁左右，中国同盟会成员，郭恩敷旧交。

刘国佐——县立中学教务主任。

刘记者——男，30岁左右，第六幕中的记者。

小　青——女，35岁左右，谭梦笙同学，美国留学回来。

小　英——女，35岁左右，谭梦笙同学，县立中学教师。

河　　生——男，30 岁左右，第一幕中被救的儿童长大之后。

军　　官——中华革命军居大帅的副官。

刘金第。

李同英。

不同年代的学生——学生 1、2、3……

一场

〔光起。

〔1923 年。

〔县立中学主席台。

〔郭恩敷登上高台，谭梦笙上，站在高台旁。

〔众学生站于一侧，郭恩敷上台，全场掌声雷动。

郭恩敷　（面带微笑）同学们好。

众学生　郭——校——长——好——！

郭恩敷　我未担任县中校长的这几年，同学们的反日爱国运动风起云涌。望见后生如此可畏，鄙人内心也是激动不已，日日夜夜难以自抑。

〔台下，谭梦笙注视着郭恩敷慈祥的微笑，眼眶发红。

郭恩敷　是同学们的英勇斗争，抵制日货运动在全县才得以顺利展开；亦是同学们的不懈请愿，让我再次受邀，重任县中校长一职。对于同学们的担当与厚爱，我感到无比欣慰与感激。

张永和　（激动）是郭校长满腔热忱、一心为国为民，才当之无愧地赢回了这个职务！

〔台下纷纷附和，随即掌声再起。

郭恩敷　（微笑，随后面容逐渐严肃，语气缓慢而坚定）我们抵制日货的斗争取得了胜利,但中华仍处危急紧要关头。望各位学子继续携手并肩,顶风前行,寸土必争,保家卫国!

〔掌声雷动。

〔光灭。

二场

〔1928年。

〔光起。

〔县立中学校长办公室,郭恩敷站在窗前沉思,不时有些咳嗽,谭梦笙站在他身后。

郭恩敷　几十年来,各种运动、革命风起云涌,可如今,仍是军阀当道,暴虐横行,国家贫弱,内忧外患。唯有以教育唤醒国人麻木的心灵、更新国人知识、强健国人体魄,才是出路啊。

谭梦笙　(安慰地)十年树木,百年树人,这教育一事,绝非一朝一夕之功,想要革新国人陈腐了几千年的思想,又怎是易事啊!

郭恩敷　我又怎会不知?不过,这么多年来,我办小学、办师范学校,再到担任县立中学校长,看着一批又一批的孩子们长大,看着他们满腔赤诚地抵制日货、游行抗争,看着新式教育慢慢深入人心,倒也颇感欣慰。

谭梦笙　(感慨,欣慰)是啊,如今,到县立中学读书的学生们越来越多,女子读书也成了天经地义之事,无须再如我当年那样"求之不得,寤寐思服"了。这不正是新一代青年开始从思想上觉醒了吗?(笑)这就是未来中国的希望啊!

郭恩敷　那一日你带领学生们在历史课上唱起校歌,唱得我也是热泪盈眶。西方的本领技术要学习,但无论何时切不可忘记国家和民族才是立

身、立世的根本依托啊！（咳嗽）

谭梦笙 （忧心）那节课我自己也是心潮澎湃的……可是恩师，您多少也得着意您自己的身体啊，早些休息吧！

郭恩敷 （边说边到办公桌前坐下，开始处理文件）不要紧。我还有些文件要处理，马上就好了。（咳嗽）

谭梦笙 您哪次不是这么说的，可……（欲言又止，叹了口气，拿暖瓶为郭恩敷桌上的水杯添上水，下场）

〔郭恩敷伏案工作，过了一会，忽然剧烈咳嗽，扶住桌沿，低下头，痛苦地趴在了桌子上。

〔谭梦笙闻声赶来。

谭梦笙 （痛呼）郭叔叔！！！

〔没有人回应。

〔光灭。

三场

〔光起。

〔灵堂，哀乐。郭恩敷的照片立在中央，四周挽联众多，中间一副最为显眼——"师初中高，未尝不悔；邻里乡党，莫不称贤"。

刘记者 （在台侧门口位置向其他记者介绍）恩敷先生的追悼会是我县举办的首次追悼会，正为纪念其为教育事业殚精竭虑的一生。郭先生曾带领学生绘制潍县地图，治理黄河水患，筹资共建智群学社，应时首创县立中学。纵使眼下时局仍然动荡，现场却有众多郭老先生的同事与学生等前来吊唁，场面之隆重，前所未有。

〔众人依次献花发言。其他人说完站到台侧，谭梦笙说完站在中央。

〔河生献花，鞠躬，对着郭恩敷的遗像。

河　生　当初黄河水患，若不是郭老先生以过人的智慧和魄力治理了黄河水患，襁褓中的我怎能活了下来？更遑论今日还能够继承先生遗志，兴修水利，造福父老乡亲！

〔丁叔言献花，鞠躬，对着郭恩敷的遗像。

丁叔言　"教育救国"和"学术救国"是先生的行动纲领；自由与平等，超越任何派系，成为先生人生的最高信仰。从反清到抗日斗争，先生之志在民族解放；从女子学校到县立中学，先生之行在启迪民智。学界泰斗，人世楷模！

〔军官献花，鞠躬，对着郭恩敷的遗像。

军　官　今日，我奉中华革命军居大帅之命特来吊唁，郭恩敷先生实乃持有初心风骨傲然之人！佩服！佩服！

〔张永和、裴昌年献花，鞠躬，对着郭恩敷的遗像。

张永和　民国风骨，教育先师。山水一程，先生一路走好！

裴昌年　先生，您曾经教导我们"少年为中国之生力，我们是民族之希望"，我们一定不负所托，为捍卫我们足下的土地、胸中的大义奋战到底！

〔光打到舞台一侧。

〔两名绅商向灵堂走来，边走边议论。

刘金弟　想当初郭恩敷来找我筹钱，说什么要建学校、推广新学，我还觉得他痴人说梦，嘿，没想到，他竟真办得有声有色。

李同英　是啊，如今这县立中学的名声，在全国也是响当当的！这位郭先生是真有些本事的……这新学，确实是利国利民！

〔刘、李二人步入灵堂，刘国佐迎面向二人走来，与二人握手。

刘国佐　感谢二位今日专程前来吊唁。

李同英　郭先生一直是我们十分敬佩的。今日前来，聊表敬意。只是如今这世道仍不太平，往后，县立中学若有什么需要，先生尽管开口。

刘金弟　是啊，我们定会倾囊相助。

刘国佐　（行拱手礼）那先谢过二位先生了。

〔刘金弟、李同英回礼。

〔光打到舞台一侧。

〔谭梦笙、小青、小英步入灵堂，献花，鞠躬，对着郭恩敷的遗像。

小　青　先生，如今我已经结束了在美国的学业，面对导师继续深造的邀请，我选择了拒绝。本想回国继续追随您的脚步，却不想不再有这样的机会。但无论如何，我都将在这片我热爱的土地上为教育事业的发展、为国家民族的复兴贡献自己的力量！

小　英　（深鞠一躬）先生，若不是您，恐怕我早已嫁作人妇，在愚昧中日复一日地苟且过活；而如今，我能够站在三尺讲台，为那些心怀家国的有志青年教授知识，实现我人生的价值！感谢您，先生，感谢您点亮了我生命的光。

谭梦笙　（痛心，含泪，坚定）郭叔叔，我的恩师，您放心吧！在您的引领下，如今潍县教育的风潮，中流击水，日月换新。未来，潍县的学子、中国的青年，必将成长为您期望的顶天立地的中国脊梁！

小　英　（转向刘记者）刘先生，桃李不言，下自成蹊。先师郭恩敷一生呕心沥血赤诚报国，您确该好好记下，广为传颂，让更多人感其衷肠，践其遗志。

刘记者　必当如此，定不辱命！

四场

〔旁白：郭恩敷先生一生用智慧的飙风扶摇，载学子乘风好去翱长空，送青年万里河海看江山。而一代又一代的潍县学子秉承"为天地立心，为生民立命，为往圣继绝学，为万世开太平"的家国情怀，书写不朽的青春史诗！

〔光打到舞台一侧。

〔四个身穿潍坊一中校服的学生走到舞台一侧。

学生9 快看，那边是什么？

学生10 那不是潍坊一中的先辈们吗？

学生11 你们听，他们是在讲一中首任校长郭恩敷先生的事迹呢！

学生12 郭老先生一生为近代教育事业的发展鞠躬尽瘁，实在是令人佩服。

学生9 是啊，就像老校歌唱的那样"宏开教育，邦家之基，多士一堂庆济济"啊！

学生10 这片土地，这所学校，一代又一代的学生继先人之志，承恩师之道，以如椽巨笔书家国，以血肉之躯振神州！（伸手指向舞台中央）你们看——

〔灯光打向舞台中央。

学生1 停止内战，一致对外！

学生2 先生，您看见了吗？当日寇侵略的魔爪伸向华北大地，那是我们县立中学学生积极参加一二·九运动绝不妥协的姿态！

〔学生1、2站到谭梦笙两侧。

学生3 一寸山河一寸血，十万青年十万军！

学生4 先生，您看见了吗？当卢沟桥的枪声响彻华夏，在中华民族最危险的时候,我们县立中学的学生义无反顾、慨然前行。

〔学生3、4站到学生1、2两侧。

学生5 打过长江去,解放全中国!

学生6 先生,您看见了吗?那是我们县立中学的学生为了全中国、全民族的解放不惧艰险、毅然南下,到祖国需要的地方去!

〔学生5、6站到学生3、4两侧。

学生7 抗美援朝,保家卫国!

学生8 先生,您看见了吗?那是一穷二白之际、国家危难之时,我们县立中学的学生志愿从军、赶赴边关、保家卫国!

〔学生7、8站到学生5、6两侧。

〔灯光再次打回舞台一侧。

学生9 对了,我们为什么不把这一切记录下来呢?

学生10 对啊!既告慰先人,也勉励自我!

学生11 是啊,恩敷先生若能看到,应该会很欣慰吧!

学生12 先生,您看到了吗?这盛世,如您所愿。

学生9 先贤已乘东风去,老校砥砺百年强。

学生10 今天,恩敷先生的火炬已传到我们手中,我们自当高擎火炬,驱散迷雾。

学生11 不负恩师、不负青春、不负盛世,一中学子怀壮志。

学生12 不忘初心、不驰空想、不骛虚声,潍坊豪杰俊星驰。

学生9、10、11、12 乘风越北海,舒臂揽朝阳,眼底未名水,胸中黄河月。书剑青云去,吾辈正担当!

〔众学生齐唱潍坊一中新校歌〕

附录5：荫汀先生事略

郭恩敷，字荫汀，师事邑人宋书升，传其天算之学。光绪乙未丙申间，河决。鲁北巡抚李秉衡延聘测度河道。事竣，奏保知县，分省辅用。戊戌变政后，主本邑潍阳书院及诸城观海书院算学讲席。因材施教常至丙夜无倦容。其后转相传授至数千人。

丁未，邑修乡土志，时长官立高等小学督诸生测绘全境及城厢地图，附志内，潍有详确地图自此始。期间改书院为初级师范，民国建改师范为中学校。学界皆公推为校长。实心任事，不辞劳怨。盖十余年，讨袁之役，军用孔急，有倡动用学款者，力持不可。学校赖以维持。晚年又屡长全县及中区教育会，倡办女子师范及中区第一女子学校。邑中女学，因以发达。致力于学，殆四十年著述尤富。卒年六十五，门人私谥曰：敏愈。

（转自《潍县志略》）